U0855062

读客文化

牛津通识课：黑洞

[英] 凯瑟琳·布伦德尔 著
张建东 译

海南出版社
·海口·

图字：30-2020-004号

图书在版编目（CIP）数据

牛津通识课. 黑洞 / (英) 凯瑟琳·布伦德尔著；张建东译. -- 海口：海南出版社，2020.5

书名原文：Black Holes: A Very Short Introduction

ISBN 978-7-5443-9272-3

Ⅰ. ①牛… Ⅱ. ①凯… ②张… Ⅲ. ①科学知识 – 普及读物 ② 黑洞 – 普及读物 Ⅳ. ① Z228 ② P145.8-49

中国版本图书馆CIP数据核字 (2020) 第061581号

牛津通识课：黑洞

NIUJIN TONGSHI KE: HEIDONG

作　　者　[英] 凯瑟琳·布伦德尔
译　　者　张建东
责任编辑　陈　波
执行编辑　徐雁晖
封面设计　读客文化　021-33608311
印刷装订　北京盛通印刷股份有限公司
策　　划　读客文化
版　　权　读客文化
出版发行　海南出版社
地　　址　海口市金盘开发区建设三横路2号
邮　　编　570216
编辑电话　0898-66816563
网　　址　http://www.hncbs.cn
开　　本　787毫米 × 1092毫米　1/32
印　　张　5.5
字　　数　72千
版　　次　2020年5月第1版
印　　次　2020年5月第1次印刷
书　　号　ISBN 978-7-5443-9272-3
定　　价　28.00元

献给蒂姆和路易斯·桑德斯，

我深爱着你们。

目录

致谢

菲利普·欧科克、罗素·欧科克、史蒂文·巴尔拜斯、罗杰·布兰德福特、史蒂芬·布伦德尔、史蒂芬·贾斯姆、汤姆·兰开斯特、拉莎·梅农、约翰·米勒和保罗·托德为本书的草稿提供了很多有用的意见。史蒂芬·布伦德尔为本书制作了图表。斯蒂文·李协助进行了光学观测。我对他们表示衷心的感谢。

凯瑟琳·玛丽·布伦德尔

KMB

牛津大学

2015年4月

01

黑洞是什么

What Is a Black Hole?

黑洞就是一个引力很强的空间区域。任何东西——甚至连光——都因为不够快，不能从其内部逃离。虽然这一概念最初是在理论物理学家丰富的想象中被构思出来的，但现在我们已经在宇宙中发现了数百个黑洞，并且它们以百万计。尽管这些黑洞是不可见的，但它们以一种很容易被探测到的方式与周围环境相互作用，并对其产生影响。确切地说，这种相互作用的性质取决于相对黑洞的距离：太近的话是不能逃脱的，但更远的地方就会出现一些戏剧性的壮观现象。

1964 年，安·尤因（Ann Ewing）在一篇报道 1963 年于得克萨斯州举办的一个研讨会的文章中首次提到了“黑洞”一词，然而她从未说明是谁发明了这个词。1967 年，美国物理学家约翰·惠勒（John Wheeler）需要一个词作为“引力坍缩彻底的恒星”的简写，于是开始推广这个术语——不过坍缩的恒星这一概念早在1939年就由他的美国同事罗伯特·奥本海默（Robert Oppenheimer）和哈特兰·斯奈德（Hartland Snyder）提出来了。事实上，关于现代黑洞概念的数学基础在1915年就已经诞生了。德国物理学家卡尔·史瓦西（Karl Schwarzschild）在空间中有孤立无转动的质量的条件下解出了爱因斯坦的重要方程（在他的广义相对论中被称为场方程）。

在此之后过了20年，印度物理学家苏布拉马尼扬·钱德拉塞卡（Subrahmanyan Chandrasekhar）研究了恒星死亡时会发生什么。以此为基础，英国的亚瑟·爱丁顿爵士（Sir Arthur Eddington）解决了一些相关的数学问题——比奥本海默和斯奈德的工作稍早一点。爱丁顿的计算表明，当大质量恒星耗尽所有燃料时会坍缩形成黑洞，不过爱丁顿自己在1935年向皇家天文学会宣称其物理含义是“荒谬的”。尽管这个概念看起来荒谬，但黑洞无疑是我们的银河系乃至整个宇宙物理现实的重要组成部分。1958 年，美国的大卫 · 芬克尔斯坦（David Finkelstein）取得了更进一步的进展，他明确了黑洞周围存在一个单向表面。这对于我们将在下一章中讨论的内容具有重要的意义。这个表面的存在不允许光从黑洞内部强大的引力中脱离，而这也是黑洞是黑色的原因。要理解这种现象是如何产生的，我们首先要理解物理世界的一个深刻的特性：任何运动的粒子或物体都存在一个最大速度。

快是有多快

从林法则之一是：不想死得快，就得跑得快。除非你异常狡猾或者善于伪装，否则只有足够敏捷才能存活下来。哺乳动物摆脱劣势的最大速度取决于其质量、肌肉力量和新陈代谢之间复杂的生化关系。宇宙中运动最快的实体所能达到的最大速度是由完全没有质量的粒子所呈现的，例如光的粒子（被称为**光子**）。这个最大速度被精确地定为每秒 299 792 458 米，相当于每秒 186 282 英里，几乎比空气中的音速快 100 万倍。如果能以光速旅行，我将能够在十四分之一秒内从我在英国的家中到达澳大利亚，就是一瞬间的事情。从离我们最近的恒星，也就是太阳出发的光只需要 8 分钟就可以到达我们这里。而从太阳系最外层的行星海王星出发，光子到地球的行程时间也只有几个小时。我们说太阳离地球有 8 光分，而海王星离我们有几光时。这会导致一个有趣的后果，如果太阳停止发光或海王星突然变成紫色，地球上的任何人发现这些重要信息都分别需要花上 8 分钟或几小时。

现在让我们来考虑光线从太空中更加遥远的地方传回地球的时间有多长。我们的太阳系所在的银河系是一个长达几十万**光年**的星系。这意味着光从银河系的一侧行进到另一侧需要几十万年。离本星系群（银河系是其中的重要成员）最近的星系团，也就是天炉座星系团，离我们有几亿光年。因此，在围绕天炉座星系团中的某颗恒星运行的行星上如果有一位观察者，手头配备了恰当的仪器回看地球，可能会看到恐龙在地球上徘徊。不过这只是由于宇宙浩瀚得令人难以置信，才使得光的运动看起来迟缓且费时。但当我们开始考虑如何将火箭发射到太空时，宇宙规定光速是上限这一点就会带来一种有趣的效应。

逃逸速度

如果我们希望将火箭送到太空但发射速度太慢，那么火箭将没有足够的**动能**来挣脱地球的引力场。反之，如果火箭的速度恰好足以逃离地球引力的拉扯，我们就说它已达到了**逃逸速度**。火箭从诸如行星之类的大质量物体上逃离时，行星质量越大，火箭距行星的**质心**越近，逃逸速度也就越大。逃逸速度v_{esc}可以写成$v_{esc}=\sqrt{2GM/R}$，其中 M 是行星的质量，R 是火箭与行星质心的距离，而 G 是被称为牛顿引力常数的自然常数。重力作用总是将火箭拉向行星或恒星的中心，朝向被称为**质心**的点。不过，逃逸速度的取值与火箭的质量完全无关。因此，不论其内部载荷是几根羽毛还是几台三角钢琴，从距离地球质心约 6400 千米的卡纳维拉尔角发射的火箭都具有相同的逃逸速度，也就是 11 千米 / 秒多一点或约为声速的 34 倍（可以写为 34 马赫）。现在假设我们可以压缩地球的全部质量，使它占据更小的体积，假定它的半径变为其当前的四分之一。如果火箭发射处距离质心 6400 千米，其逃逸速度将保持不变。然而，如果它重新放到距质心 1600 千米的压缩后的地球的新表面，那么逃逸速度将会是原始值的两倍。

现在假设某些灾难的发生导致地球的全部质量都收缩到了一个点，我们把这样的物体称为**奇点**。它现在已经成了一个“质点”，一个占据空间体积为零的有质量物体。在距这个奇点只有 1 米左右的地方，逃逸速度将远大于在 1600 千米处的取值（实际上将约为光速的 10%）。离奇点更近，略小于 1 厘米的地方，逃逸速度将等于光速。在这个距离上，光本身没有足够的速度来逃离引力的拉扯。这是理解黑洞性质的关键思想。

对“奇点”一词的用法值得明确。我们不相信在持续的引力坍缩的终点，物质会变成某个几何点；正相反，我们会发现经典引力理论失效并进入量子体系。从这里开始，我们将使用术语奇点来指代这种极其致密的状态。

事件视界

现在想象你是一名驾驶宇宙飞船的宇航员，并且正在接近这个奇点。当距离它还有一段距离时，你可以随时将发动机反转并逃之夭夭。但是距离越近，就越难体面地撤离。最终你会到达一个无论装载的发动机有多强大都无法逃脱的距离。这是因为你已经到达了**事件视界**，这是一个用数学方式来定义的球面，它也被定义为内部逃逸速度超过光速的边界。对于我们关于地球坍缩到一个点的思想实验而言，这个表面将是一个以奇点为中心，半径只有1厘米的球面，这对我们的太空船来说可能很容易避开。然而当黑洞由恒星而不是行星坍缩形成时，事件视界会变得更大。事件视界有一个重要的物理效应：如果你在那个表面之上或者里面的话，物理定律根本不允许你逃离，因为这样做你需要打破普适的速度限制。事件视界是一个强制性的标界：在它之外你有决定你命运的自由，而在它之内你的未来将被锁在里面，不可改变。

这个球面半径被称为史瓦西半径，是为了纪念前面提到的卡尔·史瓦西。作为第一次世界大战中的一名士兵，史瓦西得到了广义相对论中著名的爱因斯坦场方程的第一个精确解。史瓦西半径写为 $R_S=2GM/c^2$，其中 M 是黑洞的质量，G 是牛顿引力常数，c 是光速。根据这个公式，地球的史瓦西半径还不到 1 厘米。以此类推，太阳的史瓦西半径为 3 公里，这意味着如果我们的太阳被压缩成奇点，那么距这一点仅 3 公里之处的逃逸速度就将等于光速。一个质量是太阳质量 10 亿倍的黑洞（具有 10^9 太阳质量）将使史瓦西半径扩大 10 亿倍（一个无旋转的点质量的史瓦西半径与其质量成正比）。正如我将在第 6 章中所描述的那样，这些巨大的黑洞被认为存在于很多星系的中心。

在牛顿物理学中，这种对事件视界的描述是合理的。事实上，在爱因斯坦和其他我们提到的人之前几个世纪，类似黑洞的物理实体是被想象出来的，而它们深刻地改变了我们对空间和时间的理解。最早想象出类似黑洞的“**暗星**”的人是 18 世纪的约翰·米歇尔（John Michell）和皮埃尔·西蒙·拉普拉斯（Pierre Simon Laplace），而现在我将解释他们做了什么。

天文学的一个非凡之处在于，即使你被困在地球上也能发现关于宇宙的很多事情。例如，没有人曾经游览过太阳，然而在 19 世纪后期通过分析太阳光谱探测到了太阳中存在的氦。需要特别注意的是，这也是氦元素本身被第一次发现；它在太阳上被发现的时间要比在地球上被探测到早得多。在更早的 18 世纪，关于黑洞背后的一些想法就开始形成了，特别是关于所谓的暗星的概念。人在很大程度上是他那个时代的产物，那些饱含奇思妙想、迈出第一步的人都是这样。

约翰·米歇尔

英格兰的乔治王时代是一个相对和平的年代。英国内战是过去很久的事情了，英格兰已经成为一个内部相对安宁的国度（距拿破仑在法国的崛起还有一段时间）。约翰·米歇尔（图 1）和他的父亲一样，作为牧师接受了大学教育并加入了英格兰教会。作为西约克郡桑希尔的教区长，米歇尔能够继续他的科学研究，把他对地质学、磁学、重力学、光学和天文学的兴趣贯彻下去。与当时在英国工作的其他科学家同样——比如天文学家威廉·赫歇尔（William Herschel）和物理学家亨利·卡文迪许（Henry Cavendish）（米歇尔的密友）——米歇尔能够顺应新的牛顿式思想的潮流。艾萨克·牛顿爵士（Sir Isaac Newton）通过构想出他的引力定律，彻底改变了人们对宇宙的理解。这个定律解释了太阳系中行星的轨道与他那颗从树上掉落的著名苹果，是受到了相同的力的作用。

图 1　约翰·米歇尔，博学家

牛顿的思想允许用数学来研究宇宙，而新一代的科学家们也能够将这种新颖的世界观运用到不同的领域。米歇尔特别关注的是利用牛顿的思想，通过测量邻近恒星发出的光来估计地球与它们之间的距离。为此，他想出了各种方案来做到这一点，比如将恒星的亮度与其颜色联系起来；此外他还考虑了**双星**（一对处于对方引力束缚中的恒星）以及它们的轨道运动如何给出有用的动力学信息。米歇尔研究了恒星在天空中特定区域的聚集情况，他将此与随机分布进行对比、检验并推断出聚集的原因是引力成团。这些想法没有一个在当时是切实可行的：人们知道的双星很少（虽然赫歇尔正在制作令人印象深刻的关于许多双星和新天体的目录），而且恒星的亮度和颜色之间的关系也并非尽如米歇尔所认为的那样。不过米歇尔尽力对更广阔的宇宙做了牛顿对太阳系所做的事情：对观测进行科学、合理和动态的分析，以此提供关于天体的性质、质量和距离的新信息。

米歇尔一个洞若观火的观点来自这样一个思想实验：用他的话说，就是光的粒子以“与我们熟悉的所有物体相同的方式被吸引；也就是说，受到与它们的惯性（他的意思是质量）成正比的力。据我们所知，目前还没有任何理由怀疑或相信，万有引力是一个普适的自然定律”。他推断，这些由大恒星发出的光粒子会受恒星引力的吸引而减速。因此到达地球的星光会更慢。牛顿已经证明了光在玻璃中会减速，而这解释了折射的原理。米歇尔推论出如果星光确实也会减速，那么用棱镜来探测星光就可能会观测到这种减速效应。实验是由皇家天文学家牧师内维尔·马斯基林（Nevil Maskelyne）博士而不是米歇尔做的，他希望观察到星光折射能力的减弱。卡文迪许写信告诉米歇尔这并没有什么效果，而且“几乎不太可能找到光线被显著减弱的恒星”。米歇尔感到沮丧，但是这种天文学推断很大程度上需要对不可估量的事情的猜测：星光会受到发射出它的恒星的引力影响吗？米歇尔无法确定。但他大胆地作出了一个有趣的预测。

如果一颗恒星的质量足够大，并且引力确实会影响到星光，那么引力就足以完全控制住光粒子并防止它们逃逸。这样的物体将是一颗**暗星**。这样，这个在约克郡的教区中写作的鲜为人知的牧师就成了第一个构想出黑洞的人。然而在那时，米歇尔自己测量到恒星距离的程序还不完善。更重要的是，他此前一直对自己的健康漠不关心，这令他无法继续使用望远镜。卡文迪许给他写了一封信安慰他：“如果你的健康状况不允许你继续使用（望远镜），我希望它至少可以让你更轻松省力地权衡

（称量）这个世界。”卡文迪许这唯一的笑话（他以沉默寡言而闻名）指的是米歇尔得到的另一个思想实验。“称量世界”是让扭秤横梁两端的两个大铅球被两个固定的铅球所吸引。人们可以用测量引力强度的方法，推断出地球的重量。从来没有人这样做过。米歇尔的想法非常棒，但他生前并没有完成这个实验。米歇尔的实验后来由卡文迪许代劳，而且现在被称为卡文迪许实验。这一荣誉被转嫁给卡文迪许，但他也付出了更多的代价。卡文迪许没有发表自己许多具有突破性的研究，更多突破归功于后来的研究者（包括“欧姆定律”和“库仑定律”的提出）。

皮埃尔·西蒙·拉普拉斯

在英吉利海峡的另一边，皮埃尔·西蒙·拉普拉斯没享受到英国启蒙运动和平时期的宁静田园风光。拉普拉斯经历了法国大革命，不过他的职业生涯因为影响了新成立的法兰西学院和综合理工大学而蓬勃发展。有一段时间，他甚至担任过拿破仑统治下的内政部长，这是一次短暂的任命，因为皇帝后悔了。拿破仑意识到拉普拉斯是一流的数学家，但作为管理者还达不到平均水平。拿破仑后来在写到拉普拉斯时说，“他到处寻求微妙之处，只考虑问题本身，最终把‘无穷小’的精神带进了政府”。拿破仑有其他管理人员可以征召，但世界上几乎没有像拉普拉斯那样高产且富有洞察力的数学家。他在几何学、概率学、数学、天体力学、天文学和物理学方面都作出了重要贡献。他研究的主题包括毛细作用、彗星、归纳法、太阳系的稳定性、声速、微分方程和球谐函数等形形色色的方面。他考虑过的一个想法就是暗星。

1796 年，拉普拉斯出版了他的**《宇宙体系论》**（*Exposition du système du monde*）。这本书是为受过教育的知识分子撰写的，书中描述了天文学所依据的物理原理，万有引力定律和行星在太阳系中的运动方式，以及运动和力学定律。这些概念被应用于各种现象，包括潮汐和岁差，书中还包含了拉普拉斯对太阳系起源的推测。书中有那么一段与我们的故事密切相关。拉普拉斯计算出类似地球大小的物体需要多大才能使其逃逸速度等于光速。他的计算很对：当一个天体密度和地球相当但半径是太阳的 250 倍时，它的表面引力会让光都无法逃离。因此，他推断宇宙中最大的物体是看不见的。它们是否仍然潜伏在黑暗的夜空中无法被探测，而我们幻想“外面”只有我们能看到的那些明亮发光体？匈牙利天文学家弗兰茨·萨韦尔·冯·扎克（Franz Xaver von Zach）请求拉普拉斯提供导出这一结论的计算方法，拉普拉斯还帮忙将其（用德语）写出来并发表在冯·扎克担任编辑的一本期刊上。

后来，拉普拉斯慢慢了解到了光的波动说。米歇尔和拉普拉斯的想法都部分基于光的粒子说。如果光由微小的粒子组成，那么这些粒子会受到引力场的影响，并且将永远被束缚在质量大小足够的恒星上，这一结论似乎是合理的。但是在 19 世纪早期，人们看到了许多实验，这些实验似乎更能证明光的波动理论。如果光其实是波，那么就会更加难以观察到引力对它的影响。拉普拉斯对于暗星的预测在《**宇宙体系论**》后来的版本中被悄然省略了。

毕竟米歇尔和拉普拉斯一直在对理论进行推测和探索，而不是致力于解释观测结果，因此这个想法被遗忘了一段时间。米歇尔和拉普拉斯所想象的物体就是“暗星”，这种宇宙中的庞然大物可以凭借其质量维持行星系统，但同样凭借其压倒性的体积也使其无法通过光的辐射被观测到。从米歇尔和拉普拉斯认为的暗星表面发出的星光太过缓慢，无法克服强大的表面引力。米歇尔和拉普拉斯无法猜到的是，这种庞大的质量累积将会不稳定并坍缩。而且在它们坍缩的过程中，它们会刺穿空间和时间的结构并产生奇点。因此“黑洞”不是“暗星”，而要继续讨论下去并接触关于黑洞的天文发现，我们首先需要了解时空的本质。

时空

我们的日常经验让我们对有形宇宙可以通过一个时间坐标 t 和三个空间坐标［例如沿着三个相互垂直的轴 x、y 和 z。这是由勒内·笛卡尔（René

Descartes）发明的概念，并被称为笛卡尔坐标]。1905年，爱因斯坦发表了他关于狭义相对论的革命性论文，阐述了运动和静止的相对性。1907年，赫尔曼·闵可夫斯基（Hermann Minkowski）阐述了如何借助四维时空来更深入地理解这些结果。四维时空中由四维坐标（t、x、y、z）所确定的点对应着“事件”。这个事件是在特定时间（t）和特定地点（x、y、z）所发生的事情。所谓的闵可夫斯基时空的这种四维坐标，精确地指明了事件会在什么时间什么地点发生。爱因斯坦的狭义相对论可以用闵可夫斯基时空来表述，并为相对运动的不同参照系中的物理过程提供了一种方便的描述方法。“参考系”仅仅是某个特定观察者所拥有的视角。爱因斯坦称这种理论为“狭义”，是因为它只涉及一个特定的情况，也就是无加速的参考系（称为惯性坐标系或参照系）。狭义理论只能应用于匀速运动的非加速参考系。如果你扔下一块石头，它会加速落向地面。附在石头上的参考系是一个加速的参考系，因而不能用爱因斯坦的狭义理论来处理。你在有引力的地方就会有加速度。

这个缺点促使爱因斯坦在他的狭义理论发表10年后提出了一个广义相对论。他发现，虽然笛卡尔空间和闵可夫斯基时空是物体“生活、移动和存在”于其中的刚性框架，但时空实际上是一个敏感的实体：它可能会因质量的存在而弯曲或变形。一旦质量存在于物理情境中，描述了现实的行为就会不可分割地互相联系起来。这被约翰·惠勒（John Wheeler）简练地总结为：

- 物质作用于时空，告诉它如何弯曲。
- 时空作用于物质，告诉它如何移动。

这种特性是由**广义**相对论中的爱因斯坦场方程所量化的，该方程将时空曲率与引力场联系了起来。

物理学家谈论大质量物体周围的**引力势阱**。图2所示的漫画显示了时空在一对黑洞附近是如何变形的，其中每个区域的弯曲方式都可以被认为是与其质量也就是与引力本身直接相关。时空中的奇点可以被认为是时空中的曲率变得非常高，而使你超越了经典引力体系，进入了量子体系的地方。奇点周围的事件视界起到了单向膜的作用：粒子和光子可以从外部宇宙进入黑洞，但没有任何东西可以从黑洞的视界内逃逸到外部宇宙。事实上，质量并不是黑洞可能拥有以及被测量的唯一属性。如果黑洞在旋转，也就是说它具有自旋，那么就会出现更极端的行为。在研究这个问题之前，我们将稍微绕一下，学习一下如何用示意图来表示时空本身。

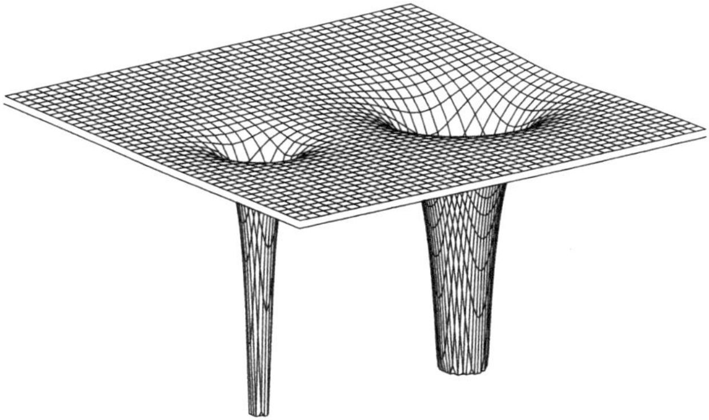

图 2　时空由于物质的存在而产生的变形，也就是弯曲

02

游览时空

Navigating Through Spacetime

数学是一种精致而完美的语言，它可以用于描述相对论是如何适用于物理宇宙和整个时空的，而这种描述包括了在黑洞附近所发生的奇怪行为。虽然数学的描述强大而准确，但对于那些没有经过适当的专业培训的人来说，也可能是一门令人生畏的外语。描述性的言辞无论多么雄辩，都缺乏数学方程式的严谨和强大，并且是不精确且局限的。然而图像（据说是）胜过千言万语，它不仅是一种有效的折中方案，也是一种非常有用的将发生的事情可视化的方法。因此花一些精力来理解这种被称为时空图的图画是非常值得的，这将有助理解黑洞周围时空的性质。

时空图

图 3 展示了一个简单的时空图。依照传统，“类时”轴是在页面中垂直的那一根，而“类空”轴则被画成垂直相交于它。当然，我们实际需要四根轴来描述时空，因为有三根类空的轴（通常表示为 x、y 和 z）和一个类时的轴。不过两根轴就足以实现我们的意图了（而且四根相互垂直的轴也画不出来）。这两根轴相交的地方被称为原点，可以被视为构造其时空图的观察者“此时此刻”所在的点。一个理想化的瞬时事件，例如按下相机快门，发生在特定的时刻和特定的空间位置。这样的一个瞬时事件由时空图上的一个点表示，对应于所讨论的时间和空间位置。图 3 中有两个点，它们在空间上是分开的（它们不发生在空间轴上的同一点），但它们又是同时的（它们在时间轴上具有相同的坐标）。你可以想象这两个点对应于两个间隔一段距离的摄影师同时按下快门，拍摄同一个的景象。如果点代表事件，那么时空图中的线代表什么？一条线只是显示出一个物体在时空中通过的路径。当我们过着

我们的生活时，我们穿越时空，并在身后留下路径（有点像蜗牛在它后面留下一条闪闪发光的黏液痕迹），它是时空中的一条线，有一个专业术语叫**世界线**。如果你整天待在家里，你的世界线就是一个通过时空的垂直路径（例如，空间坐标 =“金合欢大道 22 号”）。你在时间上向前，但是在空间中不动。另一方面，如果你进行了一次漫长的旅行，你的世界线会因为你的距离随着时间改变而倾斜，因为你在空间和时间上都进行了移动。

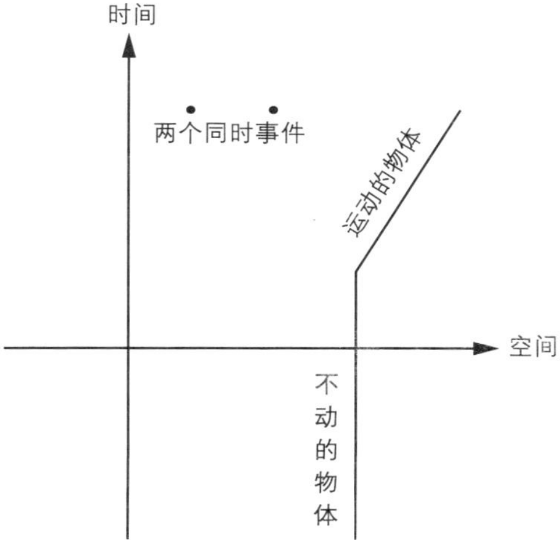

图 3　一个简单的时空图

例如，考虑图 3 所示的世界线，这条线的一部分是垂直的，然后就变成了倾斜的。这对应于某个实体的世界线，在垂直的线所对应的时间范围内，这个实体是静止的。一个例子是一位摄影师丢在椅子上的相机（它的世界线由于位置没有变化，所以是垂直的），然后它被偷走了（当空间位置连续变化时）。这条线倾斜的部分就是它的空间位置随时间变化的部分。这条线的斜率会告诉你距离随时间的变化率，而这通常被称为速度。在这种情况下，这是窃贼带着赃物逃跑的速度。小偷逃走的速度越快，或者说他在给定的时间内经过的距离越远，这条线这一部分的夹角就越大。当然，小偷带着赃物逃离的速度有一个固定的上限，就是光速，正如第 1 章所讨论的那样。光束的轨迹将由最大限度倾斜的线（通常通过巧妙设计的单位，最大倾斜时间线在时空图中与时间轴成 45 度）来表示。因为没有物体可以比这个速度更快，所以没有世界线可以与时间轴形成更大的夹角。

时空图上的世界线具有一个最大倾斜角度，对应于光速这个最大速度，引出了被称为光锥的重要概念。这个概念非常简单：你只能通过一些前因对宇宙产生影响，并且因果关系的传播速度不能快于光速。因此，你此刻的“影响范围”被包含在一个有限的时空区域内，即如图 4 所示的与正时间轴成 45 度角以内的部分。此外，你只能受到传播速度不比光速更快的事件的因果链的影响。这就是说，只有位于与负时间轴成 45 度角以内的事件才会在当下影响你。如果我们现在画一个具有两个类空轴和一个类时轴的时空图，那么图 4 中的三角会变成如图 5 所示的圆锥，而这就是我们所说的**光锥**。图 5 中的光锥描绘一个观察者（视作他此时此刻位于原点）原则上不需要借助破坏宇宙速度的限制，即超光速行进，就可以到达（或在过去已经到达）的空间区域。以正时间轴（未来的时间）为中心的区域被称为未来光锥，而以负时间轴（过去的时间）为中心的圆锥被称为过去光锥。

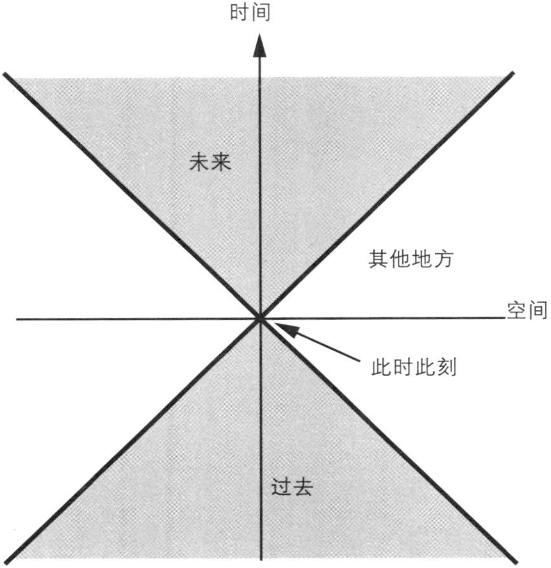

图 4　一个简单的光锥图

因此，公元前 44 年暗杀尤利乌斯·恺撒（Julius Caesar）是你过去的一部分，因为这个事件与你之间存在着可以想象的因果联系（如果你必须在学校学习它，这就表明存在因果关系）。因为来自仙女星系的光可以到达地球上的望远镜，所以它也是你过去的一部分。然而，光需要 600 万年才能照到我们，所以600万年前的仙女星系是你过去的一部分并坐落在你的光锥上。今天的仙女星系，甚至是公元前44年的仙女星系都在你的光锥之外，都不能在此刻影响你，否则因果联系的传播就必须比光速更快。

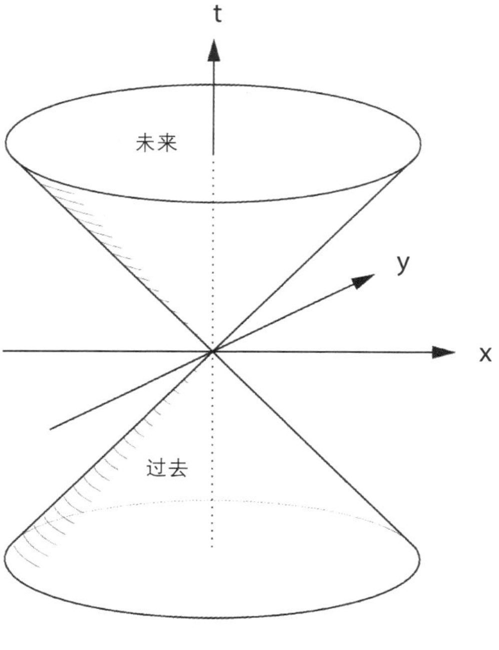

图5　一个表现了某个特定观测者的光锥的时空图

到目前为止，我们在本章中看到的三个时空图，它们的轴被标记为时间和空间。事实上，专业人士通常不会在时空图中画上轴的标签，甚至连轴也不画。时间垂直空间水平是常规操作，但这并不会导致专业天体物理学家都变得草率马虎（虽然这倒不是稀罕事），实际上是因为所有观察者都无法就时空中的确切位置达成共识。在狭义相对论的世界中，同时性的概念被打破了：一个观察者看到两个事件同时发生，但并不完全意味着它们对其他观察者来说也是同时发生的。

因此，两个摄影师“同时”按下他们的相机快门，在一个相对相机快速行进的飞船上的观测者的视角来看，这件事并不是同时发生的。这个观察者推断出的结论将是一个相机在另一个之前被按下。在图 3 中，我画了垂直高度相同的两个点（之前我断言两个事件同时发生），但出现在快速行进的观测者的时空图上时，它们将出现在高度不同的位置。爱因斯坦的相对论强调说这位宇航员的时空图和我的一样有效。因此，如果时空图上的点位取决于观测者的视角，即他们的参照系，那何必把它们画出来呢?

关注一个运动中粒子的世界线有助我们理解这一点；我们现在将画一个新的时空图，粒子带着它的光锥一起在时空中运动（这个技巧被称为使用共动参照系）。要注意在图 6 中，粒子的路径即其世界线始终保持在光锥内部，因为它的运动不能比光速更快。

爱因斯坦的狭义相对论是他的广义相对论的一个子集，适用于一组有限的物理情境。在时空不断扩张的前提下，我们需要一个超越狭义相对论的概念框架，一个突出的例子就是不断膨胀的宇宙。在这种情况下，因果关系的表象即为：你无法运动得比你身边局部空间里的光速更快。

物体怎么知道要去哪里

虽然光子没有质量，但事实证明它们仍然受到引力的影响。不过最好不要把这看成是某种力的作用，我们应该认为它是由时空的曲率导致的。通常人们认为光子沿着直线行进，这让我们得到了“光线”的概念。然而在弯曲的时空中，光子的行进路径被称为**测地线**。尽管测地线（其名称来自测地学，即测量我们的行星表面陆地的位置）的含义是基于地球的，但它也是描述整个宇宙中时空性质的重要概念。如果空间没有弯曲[就是完全等同于我们可能在学校从欧几里得（Euclid）或他的继承者之一那里学到的日常几何学]，那么测地线将是光线会走过的“直线路径”。但两点之间的最短距离，即光线“想要”走的路线，术语是“零测地线”。在弯曲的空间中，两点之间的最短距离并不是我们所预想的直线，但“测地线是弯曲空间中的直线”。直线也可以被描述为，你保持在相同的方向上移动时的路径。通过比较球面上的经线，可以看出曲面上的几何学有多么不同。如图 7 所示，两条相邻的经线（在赤道处彼此平行）将在极点处相遇于一点。然而在平直空间中，平行线只有在无穷远处才会相遇（依据欧几里得的最后一个公理）。

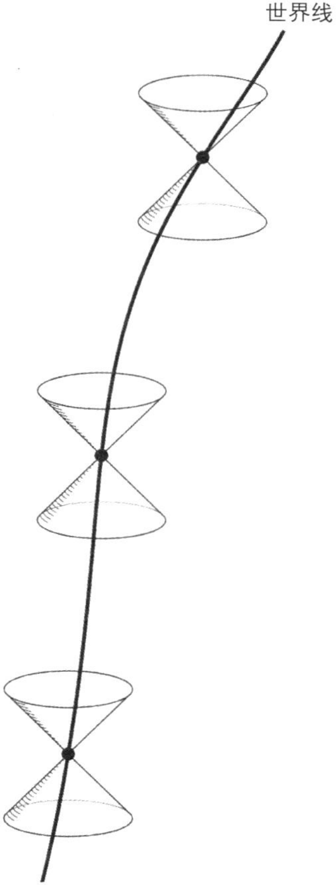

图 6　沿其世界线运动的粒子的时空图。该粒子总会被包含在其未来光锥的内部

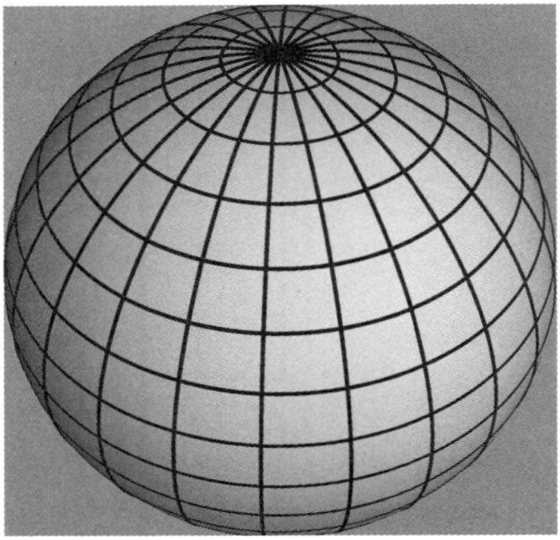

图 7　球体上的经线在赤道处是平行的，并且在极点处相遇于一点

打个比方，在存在质量的这种时空被弯曲的地方，不受任何外力影响而自由运动的光线或“测试粒子”（物理学家使用的一种假想中的装置）在两个事件之间移动时，这种曲率实际上会在移动的路径上体现出来。两个事件应该被视为四维时空中的两个点，每个事件以 x、y、z、t 的形式表示。

被称为**度规**的制度规定了我们如何用时钟和尺子测量空间和时间中事件的间隔，它还为解决几何学的问题提供了基础。一个简单的例子是毕达哥拉斯定理，它告诉我们如何计算平面上两个点的距离。爱因斯坦场方程的解则告诉我们如何在物质的分布已知的情况下计算时空的度规。我们用这种方法来构造真实宇宙的测地线。例如，广义相对论的第一批观测证据之一就是在日食期间测量太阳导致的星光弯曲（日食是测量靠近日面的恒星表观位置的好时机，因为来自日面的光被月亮挡住了。1919年，亚瑟·爱丁顿爵士抓住了一个机会）。太阳的质量会弯曲时空。因此，从遥远的恒星到地球上的望远镜的最短路径（测地线）并不是一条直线——如图8所示，它被太阳的引力场弯曲了。

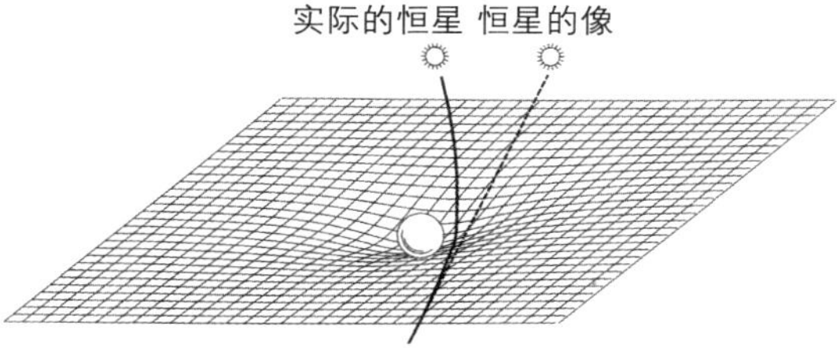

图8　诸如太阳之类的质量会在时空中引起变形或弯曲

星光的弯曲表明空间是弯曲的，但爱因斯坦的广义相对论告诉我们实际上弯曲的是时空。因此，我们可以预期质量对时间也有一些奇怪的影响。实际上，即使是地球的引力场也足以使地球上的时钟比在外太空中的更慢，尽管变化很小但可以测量（大约十亿分之一）。黑洞事件视界附近的引力效应要强得多。因此，即使对于最简单的非自旋黑洞，它附近的时间流逝也与离黑洞很远的时间流逝相差甚远。这是一个真实的属性，并不会随着测量方式不同而变化（例如用原子钟或是电子表）。时间流速的改变直接来自由质量引起的时空曲率，这种效应会使光锥向有质量的物体倾斜。图 9 显示了这种情况的大体效应。

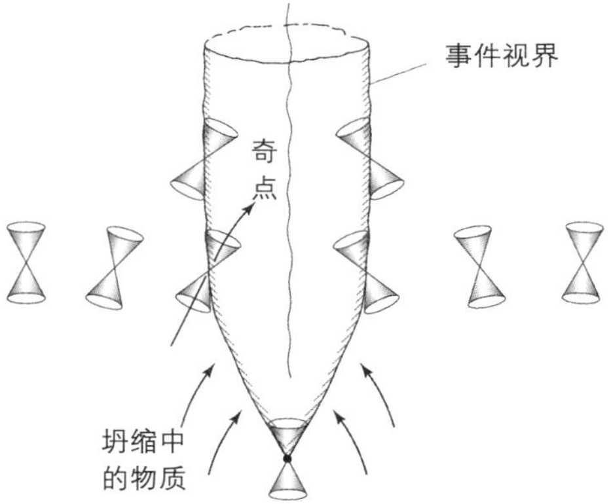

图 9　黑洞周围的时空图。显示了事件视界上物体的未来光锥是怎样位于事件视界内的

黑洞会显著影响光锥的倾斜方向。粒子越接近黑洞，它的未来光锥越向黑洞倾斜，因此黑洞会越来越不可避免地成为其未来的一部分。当粒子穿过事件视界时，其未来所有可能的轨迹都在黑洞内终结。而粒子刚好位于事件视界上时，光锥会大幅倾斜，以至于其一侧与事件视界平行并且其未来完全位于事件视界以内，并且不可能逃出黑洞。图 9 本质上是“局域时空图”的代表，因为这些光锥可以让你知道处于不同位置的测试粒子所经历的局域条件。在这个图中，时间沿着页面向上增加，所以这个图也表现出了黑洞是如何形成并因坠入的物质而增长的。

第 1 章中，我们讨论了米歇尔和拉普拉斯的暗星，它们可能在周围的轨道上维持行星系统，像我们的太阳系一样，实际上我们说的是黑洞。我们只能通过它的引力拉扯而知道附近有一个黑洞。这可能会让你以为表征黑洞的唯一属性就是它的质量。事实上，黑洞是否在旋转会对其性质产生巨大影响，而我将在第 3 章中解释这种影响是如何产生的。

03

黑洞的特征

Characterizing Black Holes

我们在第 1 章中介绍了质量奇点的概念，它由引力坍缩形成，并被一个叫事件视界的界面所包围。这种类星体中不自转的被称为**史瓦西黑洞**，这个名词专门表示不转的黑洞：用术语来说就是它们没有**自旋**。简单地说，除了位置以外，能够将两个史瓦西黑洞区分开的唯一特征就是其质量有多大。我们将会在第 7 章了解黑洞是如何生长的，但目前只要知道引力作用下的坍缩是关键因素就够了。如果坍缩前的物质在旋转，那么无论它转得多慢，在发生坍缩时转速都将增加（除非发生某些意外阻止旋转的发生）。这是由一种被称为**角动量守恒**的重要物理定律导致的。这个定律可以通过一个正在做单脚旋转的滑冰者来说明：当收回手臂时她就会转得更快。同样，如果产生黑洞的恒星在缓慢旋转，那么它最终形成的黑洞旋转将会非常显著，这种黑洞被称为**克尔黑洞**。实际上大多数恒星都是在旋转的，因为它们原本是由缓慢旋转的大质量气体云引力坍缩形成的。如果最初的气体云有哪怕很小的净旋转，坍缩成的云都将具有非零的角动量，而随着其体积越来越小，坍缩成的物体的最终旋转也越来越快。因此我们可以看到，对于新生的黑洞，常有被称为自旋的转动，这即便不是普适的性质也是广泛存在的。我们现在相信，在天体物理中的真实的自旋是不可避免的，就像在当今政治中的倾向性描述一样（尽管在后一种情况下，它并非来自角动量守恒[1]）。

我们现在已经阐明了黑洞的第二个物理参数，即自旋或角动量。自旋和质量一样，可以用来区分不同的黑洞。因此，当我们研究黑洞的行为时，这两个性质是很重要的：质量和旋转。理论上，黑洞还可能存在与它们的行为有关的第三个特性：电荷。这也是物理学中的守恒量，而电荷之间被称

1 原文为“spin is as inevitable in real astrophysical black holes as it is in current-day politics”。此处 spin 一词有“自旋”和“倾向性报道”两个意思。

为静电力的力与引力有许多相似之处。两者关键的相似之处在于，在大尺度上它们都是平方反比定律的例证。就是说有两个大型物体，当它们彼此的距离增加到原来的两倍时，它们受到的引力将减小到原始值的四分之一。引力和静电力的关键区别是，虽然引力总是吸力，但静电荷只在有些时候是吸力（当两个物体电荷相反时，即一个带正电而另一个带负电），而在其他时候则是斥力（当两个物体电荷相同时，无论是都带正电还是都带负电都会互相排斥）。如果两个带电物体带有同种电荷，那么虽然引力倾向于吸引，但静电斥力将倾向于阻止它们聚集。因此，虽然电荷原理上可能是黑洞的第三个属性，人们希望能以之测量黑洞，但实际上黑洞携带的电荷会迅速被周围的物质所中和。因此，一个很好的假设是黑洞只有两个可以明确区分的特性：质量和自旋。就这样！

现在，你可能想知道是否可以通过不同黑洞的成分来区分它们。比如一个黑洞可能是由氢气云形成的，另一个则是由氦气云形成的。为什么坍缩产生黑洞的物质并没有在随后形成的黑洞的可测量性质中体现呢？那是因为信息无法逃出事件视界！光是信息传递的手段，但我们已经在第 1 章中看到它无法从黑洞的事件视界里面逃脱出来。因此从外界看来，落入黑洞的物质的化学成分对黑洞的性质没有影响。将引力看成需要“逃离”黑洞的东西是不正确的。黑洞外部的引力场是随着黑洞形成过程中的时空弯曲而产生的。事件视界形成后，黑洞内部的情况不会影响到外界。

黑洞无毛

当要求我们描述一个人时，经常涉及的一个显著特征就是他们的发色（例如金红色、银灰色、巧克力棕色）。有时人们的头发会含有关于他们年龄或国籍的线索。其他有关身体特征的信息如“体重指数”，可能会提供有关其饮食健康的信息。与人类相反，黑洞这个实体除了质量和自旋以外，绝对没有明显特征（基于前文所述的原因，这里忽略了电荷）。为了强调黑洞没有保留任何关于其前身天体性质的这一特征，约翰·惠勒创造了短语“黑洞无毛”。这里指黑洞不含有原来的形状、原来的团块结构、原来的地形、原来的磁性、原来的化学成分，什么都不包含。白俄罗斯物理学家雅可夫·泽尔多维奇带领团队进行了计算，结果表明，如果一个表面起伏不平的非球形恒星坍缩成一个黑洞，其事件视界最终会稳定成没有任何团块或起伏的平滑均衡的形状。所以，一个黑洞从来不会有不愉快的一天[1]！你唯一可以知道的关于黑洞的事情就是它的质量和自旋。

自旋改变现实

引力场会将物体拉到旋转黑洞的旋转轴周围，而不仅仅是朝向它的中心，也许这就是旋转黑洞最引人注目的特征。这种效果被称为**参考系拖曳**。在黑洞的引力场中自由落下时，径向落往克尔黑洞的

1 此处为 a bad hair day 的双关，hair 可以指黑洞的参数，而 a bad hair day 是指不愉快的一天。

粒子将获得非径向的运动分量（转动）。

对于具有自旋的测试粒子（例如一个小陀螺）来说，这意味着如果它向着旋转的大质量物体（例如克尔黑洞）自由下落，它的自转轴将会发生变化。就好像中央大质量物体的旋转拖拽了自旋测试粒子的局部参考系一样。这种现象在1918年被发现，并被称为伦泽－蒂林效应，实际上它不仅发生在黑洞的周围，在任何旋转物体的周围，都会有一定程度的影响。如果你把一个非常精确的陀螺仪放在环绕地球的轨道上，那么参考系拖曳会导致陀螺仪的进动[1]。

爱因斯坦场方程对黑洞进行了数学描述，如第1章所述，在稳态（无转动）黑洞的情形下，卡尔·史瓦西解出了这些方程。鉴于史瓦西解出方程是在1915年，也就是爱因斯坦引入广义相对论的同一年，可以说这是一项了不起的成就。在很久之后的1965年，新西兰人罗伊·克尔（Roy Kerr）才解决了旋转黑洞的情形。几年之后，澳大利亚人布兰登·卡特（Brandon Carter）进一步探索了克尔

1　进动是指旋转物体在外力的作用下，自转轴绕某一中心旋转。

的解。卡特深入研究了克尔度规[1]的效应，他证实了由于参考系拖曳，旋转黑洞会在周围的时空中产生巨大的旋涡。旋风属于一种旋涡，靠近旋风中心的空气旋转很快，会带动沿途的任何东西，无论是干草地里的干草还是沙漠中的沙子。在离旋风远一点的地方，空气（以及干草或沙子）会旋转得更慢。旋转黑洞周围的时空也是如此：远离事件视界的地方，时空旋转的速度很慢，但在视界处，时空的旋转速度与视界自旋的速度相同。

旋转（克尔）黑洞的事件视界与非旋转（史瓦西）黑洞的事件视界非常相似，只是黑洞旋转越快，引力势阱就越深：相同质量的克尔黑洞和史瓦西黑洞，前者形成的引力势阱比后者形成的更深，因此克尔黑洞会是比非旋转黑洞更强大的能量源。我们会在第 7 章中重新介绍这一点。同时为了帮助理解这种现象总结出的一个结论是：史瓦西黑洞的事件视界仅取决于质量，但克尔黑洞的事件视界取决于质量和自旋。

1　即克尔得到的旋转黑洞的度规。

有一个特别的问题：即使只在理论层面上，是否存在未被包裹在事件视界中的时空奇点，也就是所谓的“裸奇点”。根据定义，爱因斯坦场方程的所有黑洞解都有事件视界，而正如第 1 章所示，光无法逃离这种视界，因此信息也不行。我们认为所有的黑洞奇点都封闭在事件视界之中，也就是说不是“裸”的，所以宇宙的其余部分无法获得有关奇点的直接信息——这就是英国数学家罗杰·彭罗斯所表述的所谓的宇宙监督猜想。他提出所有通过正常的初始条件形成的时空奇点都被事件视界所隐藏，并且在空间中没有裸奇点。

太大的自旋有多大

黑洞所能拥有的角动量大小是有限制的。这个极限取决于黑洞的质量，因此质量大的黑洞比质量小的黑洞旋转得更快。接近它最大极限的旋转黑洞被称为极端克尔黑洞。如果你试图加速一个黑洞的旋转来制造一个极端克尔黑洞，方法是朝它射入高速旋转的物质（也就是搅拌一下），最后旋转黑洞产生的离心力甚至会阻止物质进入事件视界。

离旋转黑洞的事件视界稍微远一点的地方是另一个重要的数学界面，被称为**稳态极限面**。如果某个大质量物体的自旋不为零，那么在其稳态极限面内就不存在静止的观察者，这叫作对惯性参考系的拖曳：稳态极限面以内的每个可实现的参考系都必须旋转。在这个界面内，空间旋转得非常快，以至于光本身也必须与黑洞一起旋转，而不能保持静止。稳态极限面和事件视界之间的这个区域被称为**能层**，但很令人困惑的是能层并不是球形的[1]，如图 10 所示。在赤道方向上，能层要比事件视界大得多，但在两极方向上能层与事件视界的半径相同。这导致了能层的形状是扁球形的，类似没有梗的加拉戴尔南瓜。能层的前两个音节来自希腊语中的名词 érgon，它与“工作”或“能量”有关[比如“人体工程学（ergonomics）”一词]，旧的能量单位尔格（erg）也来源于此。值得注意的是，

1　能层英文为 ergosphere，其中 sphere 的意思是球面。

希腊语中还有一个表示围绕和远离的动词 ergo，也很符合能层的性质。也许这就是在给这个旋转黑洞周围的区域起名并推广开来时，罗杰·彭罗斯（Roger Penrose）和季米特里奥斯·赫里斯托祖卢（Demetrios Christodoulou）脑海中的依据。能层的重要之处在于在这个区域里能够从黑洞中提取能量。

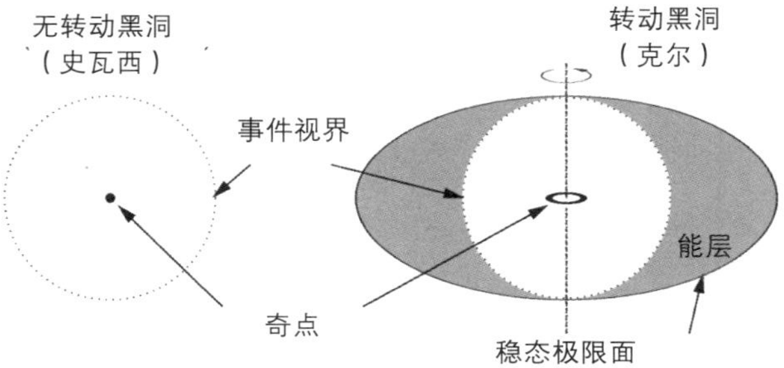

图 10　史瓦西（静止）黑洞和克尔（旋转）黑洞周围不同的界面［在常用的“博耶－林德奎斯特（Boyer-Lindquist）”坐标中表示］

由于在能层内的空间在旋转，这部分空间内的物质粒子也被迫转动。因此，在这个空间旋转中存储了可观的转动能，这是一件非常重要的事情，而我们将在第 8 章中重新讨论它。

白洞和虫洞

广义相对论的爱因斯坦场方程非常丰富多彩，可选择不同的解来描述各种弯曲时空的版本。这是几乎取之不尽的平行宇宙的来源，可以提供给宇宙学家描述和思考。我们实际居住的宇宙是哪种类型只能通过观察决定（如果可行的话）。但这并不能阻止理论物理学家利用爱因斯坦场方程找到各种有趣的解。

数学物理学家梦寐以求的有趣物体之一就是所谓的**白洞**。白洞表现得就像一个黑洞，但时间是倒流的（可以想象一部倒放的电影）。物质并非被吸入，而是被喷出。事件视界不再是你永远无法逃脱的区域，恰恰相反，它标志着任何东西都无法进入的区域。一旦物质从白洞中出来，它就永远不能再返回那里了——它的整个未来都在外面。正如我们在第 6 章中看到的那样，黑洞是由坍缩的恒星形成的，并且依据量子力学理论最终会形成霍金辐射（见第 5 章）。另一方面，白洞只能源自于因某种原因自发聚集成的黑洞的辐射。我们很难理解这在现实中是如何发生的，而且道格拉斯·厄德利（Douglas Eardley）已经证明了白洞本质上是不稳定的。

当爱因斯坦和他的学生内森·罗森（Nathan Rosen）在20世纪30年代研究爱因斯坦场方程时，他们发现了一个有趣的解。如果一个时空区域弯曲得足够厉害，也就是说它折叠得足够厉害，时空中两个之前被分开很远的部分就可以如图11所示，通过一座小桥或者说虫洞连接起来。对于那些希望让人类在宇宙舞台上大展拳脚的作家来说，恒星和星系之间的遥远距离一直是件烦心事，而虫洞（也称为爱因斯坦-罗森桥）则为作家提供了一个完美的推动情节的工具，让他们可以把英雄和反派传送到不同的地方。这个数学上的发明对于科幻小说作家来说绝对是一个福音，因为它为穿越太空中遥远的距离提供了一种便捷的手段，从理论上支持了各种高度虚构的和难以置信的飞行器。但回过头来，我们还没有观测到任何表明我们的宇宙中存在虫洞的证据。此外，有相当多的理论证据表明，虫洞形成后不会长时间保持稳定。为了让虫洞持续开放，我们可能需要大量的具有负能量的物质，而所有常规物质都具有正能量（这与引力通常总是吸引这一事实有关）。穿过虫洞的常规物质就足以使虫洞不稳定，然后破坏它，使其变成一个黑洞奇点。

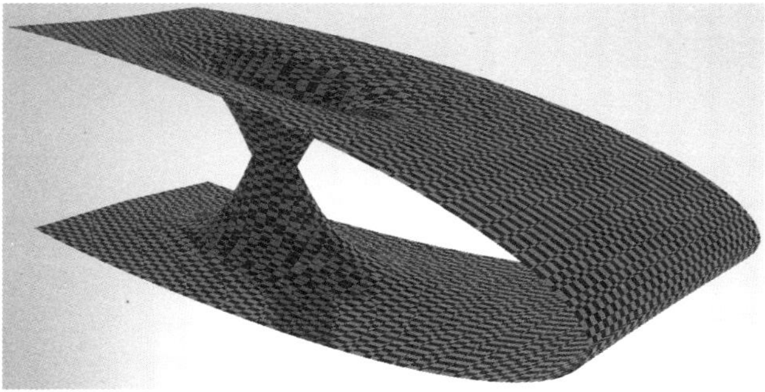

图 11　一个连接两个独立的时空区域的虫洞

如果虫洞确实存在，并且可以维持一段合理的时间长度，那么它们将具有一些令人惊讶且匪夷所思的特性。虫洞不仅可以提供一种在广阔的空间中任意穿梭的捷径，而且可以让旅行者及时返回。于是人们就可以构造在时空中循环的闭合的类时曲线，曲线上的光锥会形成一个环（参见图 12）。这就像在电影《**土拨鼠之日**》中那样，沿着闭合类时曲线行进的人将会简单地一遍又一遍地重复同样的经历。

图 12　一个封闭的类时循环，你的未来将成为你的过去

事实上除了虫洞之外，还有许多爱因斯坦场方程的解具有这种令人担忧且违反直觉的性质。1949 年，数学家库尔特·哥德尔（Kurt Gödel）发现了一种描述旋转宇宙的解，其中包含的闭合类时曲线与《土拨鼠之日》的循环完全相同，这些曲线在无尽循环中反复穿过同一个事件（显然“自由意志”不是场方程的一部分）。克尔解中有描述事件视界之外的时空的部分，我们认为这在现实世界中

是具有真正物理意义的。与此同时，克尔解在数学上关于事件视界内的部分是合理的，但目前还不清楚其是否具有任何物理上的相关性。在克尔解的这一部分中，奇点不是一个点（在非旋转黑洞中是一个点），而是快速转动的环的形状（不过其现实有效性还仅限于推测）。这种环状奇点被闭合类时曲线所包围。在这样的曲线上，你的未来也是你的过去，理论上你有可能在你的父母出生之前谋杀你的祖父母！因此，闭合类时曲线的存在让与时间旅行相关的各种悖论成为可能。对此一种可能的解决方案是承认我们没有将量子力学（描述非常小的物体）和广义相对论（描述非常重的物体）联系起来的理论，也就是我们没有量子引力理论。我们不知道极重却极小的物体的物理特性。大多数物理学家认为我们需要这种理论，才能充分理解非常接近奇点的地方的时空特性。因此，或许爱因斯坦场方程的这些奇怪的解并不真正存在于宇宙中，因为它们被基本的量子力学性质所禁止。例如，量子效应可能会使虫洞不稳定。斯蒂芬·霍金（Stephen Hawking）认为情况确实如此，并将这一原则称为

“时序保护猜想”。他讽刺道：这是可以保证宇宙免于历史学家侵害的基本原则。

旋转黑洞的内部有许多事情都在我们对基础物理的理解极限之外，因此我们很多描述都是高度依赖推测的。相比之下，黑洞的旋转及其对周围环境的影响，对于理解我们用望远镜所看到的东西具有巨大的现实意义。因此，接下来我们将更加详细地考虑当物质落入黑洞时会发生什么。

04

落入黑洞……

Falling Into a Black Hole

太近是有多近

如果你或者你的东西不幸落入黑洞会发生什么？在我们详细考虑这个问题之前，了解特定观测者的特定视角或参考系的影响是很重要的。这意味着不同的观测者会看到非常不同的事情。你如何看待落入黑洞的物体完全取决于你离这个物体有多远（以及你是否就是那个物体）。在黑洞的事件视界之外的一个光子，因为它在视界之外，所以理论上可以逃离。而在事件视界内，故事将会不同了——光子无法逃离黑洞的引力场。但即使在事件视界之外，离开黑洞的光子也不会毫发无损地逃脱。光子会由于要克服引力做功而损失能量。这是一个引力势阱的例子，就像你将自己从深井中拉出来需要能量一样，光子也需要消耗能量以使自己远离大质量天体附近的区域；甚至从在地球引力中移动的光子当中，人们也已经测量到了这种效应。光子的能量与其波长成反比：高能光子波长短，而低能光子波长长。光子在从黑洞逃离时会失去能量，因此其波长会增加。这会改变光的颜色，使其在光谱上从蓝色端（短波）向红色端（长波）移动。这种移动被称为**引力红移**，产生于时空本身的延展，或由于黑洞之类的大质量物体作用而弯曲的地方。要注意的是约翰·米歇尔虽然在暗星问题上给出了重要的原创想法，却错误地认为当光从势阱中爬出时速度会降低。我们现在知道了受大质量恒星所影响的是光的波长（也就是频率）。

黑洞附近的时间会受到什么影响

在第 1 章和第 2 章中，我描述了时空是如何因质量（也就是自身会产生引力场的事物）的存在而变形的，而这意味着在黑洞附近不仅是空间，时间也会受到影响。

想象一下，你想与史瓦西黑洞保持安全的距离，但是你又想了解在其附近时间是如何表现的。因此，你安排了26名固定的观察者安全驻扎在黑洞外靠近事件视界的地方。这些观察者按照从A到Z的顺序命名，并且排成一条直线，其中A最接近事件视界，而Z最接近安全地待在远处的你。从A到Z的每个观察者都有一个精确的时钟，来测量他们所在的特定位置的时间。为说服A到Z参与这个实验，你还为他们每个人额外提供了一个不同寻常的时钟作为礼物。这些时钟经过调整，与你所在的安全位置的时钟读数相同。最接近你的参与者Z会发现他所拥有的两个时钟所读取的时间略有不同，因为他自己的时钟测量的是当地时间（术语叫作“**固有时**”），其运行会比与你在更远更安全的距离所测量到的时间相同的礼物时钟更慢一点。参与者Z到A所整理出的结果将显示出一个显著效应：与他们特别调整过的礼物时钟上所显示的远处的时间相比，越接近黑洞测时的时钟“运行得越慢”。爱因斯坦的广义相对论所描述的这种效应被称为**时间膨胀**。对于更加靠近黑洞的字母表开头的观察者来说，效应会越来越明显。与远处观测者使用的时钟相比，本地时钟（不管是原子钟还是生化钟）越靠近黑洞，运行速度就会越慢。

假设让另一组 26 个观测者处在一个不同的黑洞的相同情况下，进行你实验的另一项任务。他们的排列方式与第一个黑洞附近的同名观测者相同。不过在第二种情况下，黑洞的质量是第一次实验中黑洞的两倍。相比第一个实验，你为第二组观察者所准备的作为礼物的特别时钟需要进行彻底的调整，直到每个特别时钟所需调整到的速率恰好是第一组实验中对应的时钟的两倍。因为它们到黑洞中心的距离与第一组完全相同，而第一个黑洞的质量仅有第二个黑洞的一半。黑洞质量越大，时间膨胀效应也会越大，而且越接近事件视界这种效应会变得越极端。

请注意，这种时间膨胀不是因为时钟离黑洞更近，而离你这个远处的安全观测者更远造成的。光有额外的传播时间，对于远离黑洞的观察者来说，仅仅补偿传播时间是不够的。无论你用哪种可靠的方法，当时钟越接近黑洞时，所测得的时间流逝的速率就越慢。时间本身被拉长了（或者实际上是膨胀了）。

黑洞附近时间膨胀的必然结果是什么？在黑洞附近的观测者的参考系与离黑洞非常遥远的观测者的参考系中，其效应产生的结果截然不同，实际上可以说是天差地别。

现在让我们考虑一下，在你的第一个实验中，如果观察者 A 变得有点粗心并且弄掉了他的第一个时钟（就是他可以测量他所在位置固有时的那个）并使它落向黑洞会发生什么。尽管发生了这场灾难，他仍然可以紧紧抓住你吸引他参与实验的礼物时钟。你和 A 都会看到他的第一个时钟向洞口移动。时钟会发现自己越来越快地进入黑洞。你和 A 会注意到在下落的时钟上读到的时间与 A 的另一个时钟（被调整为比本地时钟运行得更快，与你的时间相同的时钟）上的时间差异更大了。过了一会儿，你和 A 又会注意到下落的时钟的读数停止了。从事件视界向远处的观测者发出的光子似乎无限期地停在了那里。任何落入黑洞的物体在穿过事件视界的临界半径之后所发生的事情，对外部的观测者来说都是不可知的。因此，事件视界可能会被当成时空中的一个洞。正如我们在第1章中看到的那样，光无法从事件视界中逃出，这就是为什么事件视界是黑色的。然而，在通过事件视界直线下落的时钟的参考系中，生活远非一成不变的。从时钟的角度来看，假设黑洞的质量是我们太阳的10倍，那么它将在仅仅十万分之一秒内落到奇点。如果时钟不幸落入一个质量是我们太阳的10亿倍的超大质量黑洞（例如我们在第8章讨论类星体时将遇到的那个），那么它在极大的事件视界和奇点之间的旅程将会是悠闲的几个小时。

黑洞附近的潮汐力

假设A一时心软希望与他掉落的时钟重新团聚，并想知道脚朝下跳进黑洞会发生什么。接下来的事可以证明这种跳跃将是一个严重的错误，因为他最后生存的概率将为零。作用在他脚上和头上的引力之间的差异将会变得非常大，诸如大质量物体的引力场之类都有这种特征，它们都是平方反比例场。地球与月球的距离很远，但即使这样，地球两侧受到的月球引力的微小差异（也就是所谓的潮汐力），也会导致每天两次的涨潮落潮。一般来说，由不同位置的引力差异所导致的力都被称为潮汐力。还有其他因素可以丰富潮汐涨落的细节，例如由于月球的相对角度产生的引力以及大陆板块的具体形状。但即使地球表面完全被海洋覆盖而没有陆地，仍然会有潮汐，其导致的海平面每天两次的变化幅度约 20 厘米，这仅仅是因为地球上的点到太阳距离不同，所受到的引力也有差别。

现在让我们来考虑一下比我和地球中心之间更小的距离。当我坐着写下这一章的时候，我的头比我在书房地板上的脚要高出 1 米多一点。因此，我的脚比我的头更靠近地球的中心。因为引力遵循平方反比定律，所以会表现得好像地球的所有质量都集中在地球的正中心；而因为我的脚比我的头到这个中心的距离更小，所以我的脚会感受到更大的引力。但实际上，这个差异是相当微弱的：每相隔 1 米，重力的差异是千万分之三。这种差异这么小是因为我距离地球中心大约 6400 千米。接近黑洞这样的点质量时，径向相隔 1 米的两个点所受到的引力差异将更加极端。在接近奇点时，A 的脚所受到的拉力将会超过他的肌腱和肌肉的承受范围，从而将它们从 A 身上撕扯下来，而他本人会被拉长成类似长意大利面一样的东西。所以最好不要跳向黑洞。

动态时空

黑洞的旋转不仅对围绕它运行的物质的轨道有着重要影响，还可以影响从黑洞中提取能量的多少。根据罗伊·克尔的工作和他的爱因斯坦场方程解，我们知道了粒子绕着黑洞转的最小轨道只取决于黑洞的旋转速度。如图 13 所示，黑洞旋转的速度越快，物质在被黑洞吞没之前就能靠得越近。尽管黑洞外面除了虚空什么都没有，但如果你让某个东西直直落向一个旋转的黑洞，它将开始绕着这个黑洞转。在能层之外，还有可能靠火箭克服这种参考系拖曳，但在它的内部则不能这么做。在旋转黑洞能层内部也就是事件视界之外的区域，没有任何东西可以停滞不前。旋转黑洞实际上拖动了时空，以及周围时空中的物体。这种参考系拖曳的另一个效应是，即使光正朝着黑洞旋转的反方向行进，它也将被带动以相同的方向绕着黑洞转。

图 13　气体绕着旋转黑洞的轨道会比绕着无旋转黑洞的轨道更靠近黑洞

绕着黑洞运行

思考诸如我们的太阳在此刻突然变成一个黑洞会发生哪些事情，是非常有意思的。你或我注意到的第一件事将会发生在 8 分钟后，我写作时所沐浴的美丽的春日阳光会突然消失。虽然与第 8 章将会讨论的类星体和微类星体相比，我们称之为太阳的这颗孤单的恒星的光度很小，但它离地球的距离近到可以为我们的星球提供平均每平方米一千瓦的能量。值得注意的是，这足以供养地球上的所有生命，植物得以生长，然后被动物吃掉，再然后动物又被其他动物吃掉。太阳一直是这一切背后的推手。但如果太阳内部的聚变停止并且（与所有人的预期相反）坍缩成黑洞，那么它将变得非常黑暗，而我们最终都会死亡（这是一个有些令人沮丧的前景，但我希望读者坚持看到第 7 章，在那里我们将了解到我们的太阳不是那种能形成黑洞的恒星——它的质量太轻了）。但从动力学角度而言，对于地球这颗行星和我们所考虑的整个太阳系的行星、矮行星和小行星来说，什么都不会改变。绕着太阳运行的所有大质量物体将在几乎相同的轨道上继续运行。引力的作用方式是，无论太阳是否具有与现在相同的大小，或者是否坍缩成直径 3 公里的事件视界以内的奇点，其外面的引力都将保持不变。在引力作用下，球对称坍缩成的黑洞并不会改变绕转物体的角动量，因此太阳系内的规律、演化和潮汐都将完全不变，只是缺少了阳光。

但是在之前充斥着太阳等离子体的地方，会存在一些更接近太阳形成的黑洞的新轨道。不过这些轨道不能离事件视界太近。质量奇点使时空弯曲的一些细节意味着在刚刚超出事件视界之外的地方绕转是不可能的。试图沿着圆形轨道绕转就需要用火箭进行修正以维持轨道。实际上，数学计算表明，对于我们或任何有质量的粒子来说，可能存在于静态黑洞附近的稳定圆形轨道的最小半径是史瓦西半径的 3 倍。正如前面我提醒过你的。

实际上，不稳定的圆形轨道距史瓦西（无旋转）黑洞的距离可能会达到这个距离的一半。这个距离定义了一个有时被称为**光子球**的球面。但即使对于光子来说，这些轨道也是不稳定的，并且在不久之后，绕转的光子将要么向黑洞偏离再也回不来，要么就跑到太空中去了。

对于存在自旋的克尔黑洞而言，黑洞附近的轨道会有所不同。特别是与静态的史瓦西黑洞周围只有一个光子球不同，这里会存在两个光子球。最外层的球面上是与黑洞旋转方向相反（也就我们所说的在**逆**

行轨道上）的光子。在其内部的光子球上则是与黑洞旋转方向相同（在**顺行轨道**上）的光子。对于那种与史瓦西黑洞并没有太大不同的自转非常缓慢的黑洞，这两个光子球在空间距离上非常接近。随着黑洞的自旋越来越快，两个球面间也将越来越远。

离旋转黑洞更近的地方，还有着另一个重要的界面（在第 3 章中讨论过），被称为**稳态极限面**。在一个遥远的观测者看来，没有任何东西可以在这个表面上保持静止——就算你装备的火箭无比强大，都不可能在离旋转黑洞这么近的地方保持不动。在这个界面上，即使是反向（转动）的光线也会被拖成顺着旋转方向转动。虽然仍然可以借助足够的推力从如此靠近旋转黑洞的地方逃离，但是在这里任何东西都不可能保持静止不转。继续向内前进，下一个重要的表面就是我们在第 1 章中讨论的事件视界，这也是我们最初在史瓦西黑洞情况下遇到的单向膜。和静态黑洞的情况一样，向外穿越事件视界是不可能的，而向内穿越它所面临的命运则不可避免地和向内穿越无旋转黑洞一样。

克尔黑洞周围的轨道一般不会被限制在某个平

面上。只有那些落在赤道面上的轨道才是被限制在平面上的轨道（与旋转黑洞的镜像对称的平面）。这个赤道面外的轨道会在三维空间中移动。这些轨道被限制在由最大和最小半径以及被赤道平面的最大角度所限制的范围内。

黑洞自旋这一细节对粒子能离黑洞多近有着显著影响，并且取决于粒子相对于自旋的行进方向。对于极限自旋的黑洞，轨道与黑洞自旋同向（正旋）的光线对应的光子球的半径是史瓦西半径的一半。对于逆行轨道上的光线，其光子球的半径是史瓦西半径的两倍。对于顺行轨道上的有质量粒子，它们可以绕转的最内稳定圆轨道也是史瓦西半径的一半。对于逆行轨道上的那些粒子，这么近的距离将是不稳定的，它们的最小稳定圆形轨道是史瓦西半径的 4.5 倍。因此，相比无转动的黑洞，旋转的黑洞可以让顺行轨道上的粒子在更靠近黑洞的轨道上运转，只要还没到事件视界粒子就有回头的余地，否则将变得无法返回。在第 7 章中，我们会考虑这两件事的重要性：物质在落入黑洞之前能绕着多靠近黑洞的轨道运转，以及可以从中提取多少能量。

05

黑洞的熵和热力学

Entropy and Thermodynamics of Black Holes

人如其食

人们常说人如其食。因此，如果你的饮食纯粹是垃圾食品和巧克力，那么你的气色和身心健康都将与你食用以沙拉和地中海式饮食为主的健康食品时大不相同。但是，黑洞似乎并不挑食。无论是吸收广阔的星际尘埃还是吸收一整个立方光年的煎蛋，它们的质量都会无可避免地增加。实际上，在黑洞吃完丰盛的食物后，你无法分辨它吃了什么，只能知道它吃了多少（不过你可以分辨它吃的东西是否带有电荷或角动量）。你只知道饮食的数量，而不是饮食的品质。第 2 章中描述的“无毛定理”说，黑洞仅有很少的参数（质量、电荷和角动量）表征，因此我们无法去讨论黑洞是由什么构成的。

缺乏对黑洞所吸入的物质性质的了解，看起来似乎是个微不足道的事情，但实际却有深远影响。有关黑洞午餐菜单的信息从根本上丢失了。落入黑洞的任何事物都已放弃了自己的特性，我们无法对它进行探测，也无法了解关于它的任何细节。

黑洞与引擎

对于那些研究过热力学这门美丽的学科的人来说，以下情况再熟悉不过了。在该领域，理解信息是如何通过物理过程丢失或耗散掉是很容易的。热力学有着悠久而有趣的历史。关于热力学的现代理论始于工业革命，当时人们试图研究如何提高蒸汽机的效率。在对“能量”进行定义时，应要求其始终保持守恒，并且可以在不同形式之间进行转换，这被称为热力学第一定律。尽管你可以让能量在不同类型之间进行一些转换，有些特殊的转换却是不被允许的。例如，尽管你可以将机械功完全转换为热（每当你踩刹车令汽车完全停住时都在这样做），但你无法将热量完全转化为机械功；不幸的是，这正是我们想用蒸汽机做到的事情。因此，火车中的蒸汽机只能将炉子中的热量部分地转化为使车轮转动的机械功。人们最终意识到，热是一种涉及原子随机运动的能量，而机械功则涉及一些诸如轮子或者活塞这种大块物质的协同运动。因此，热的本质中的一个重要部分就是随机性：由于热的物体内原子的振动，你将无法跟踪单个原子的运动轨迹。这种随机运动不可能在没有任何额外代价的情况下被非随机化。在任何孤立系统的各种物理过程中，专业名称为**熵**的这种随机性都不会减少，且必须始终保持不变或增加——这就是热力学第二定律。对这种现象的一个解释是，由于无法跟踪大型系统中所有原子的运动，我们所知的关于世界的信息总是在减少。随着能量从宏观尺度转移到微观尺度，也就是从简单的活塞运动转化为大量原子的随机运动，对于我们来说信息就丢失了。热力学使我们能够将这个模糊的概念完全定量化。事实证明，这种信息的丢失与我们所描述的物质落入黑洞是完全类似的。

尽管热力学是为蒸汽机服务发展出来的，但这些原理被认为适用于宇宙中的所有过程。最早认为这与黑洞有关的人之一是牛津物理学家罗杰·彭罗斯（Roger Penrose）。他认为由于黑洞有自旋，我们有可能从中提取能量并将其用作某种引擎。他提出了一个巧妙的方案，将物质投向一个旋转的黑洞，使该物质的一部分带着比被扔进去时更多的能量跑出来。能量是从事件视界之外的区域提取的（实际上就是从第3章中讨论过的能层提取的）。彭罗斯过程减慢了黑洞的转速。原则上，可以通过这种方式从黑洞中提取大量的能量，但这当然还只是个思想实验，因此目前似乎还不能用它来解决地球这颗行星上迫在眉睫的能源危机！在彭罗斯的工作完成几年之后，詹姆斯·巴丁（James Bardeen）、布兰登·卡特（Brandon Carter）和斯蒂芬·霍金（Stephen Hawking）取得了划时代的进步，并用公式表示出了所谓的黑洞动力学三定律，而这为霍金后来对黑洞热力学的思考奠定了基础。这一思考需要用到由黑洞的质量和自旋所决定的黑洞的温度这一概念。

黑洞和熵

彭罗斯的洞察力是促使其他人思考黑洞热力学的一个重要因素。他与R.M. 弗洛伊德（R. M. Floyd）一起，表明了在他所想象的过程中，黑洞事件视界的面积将趋于增加。斯蒂芬·霍金开始研究彭罗斯的巧计。这个面积以一种相当复杂的方式依赖于质量和自旋（和电荷），但是霍金能够证明，在任何物理过程中，这个面积始终会增加或保持不变。一个有趣的效应是，如果两个黑洞合并，则合并后的黑洞的事件视界的面积大于之前的两个黑洞的事件视界面积之和（直观地看这是可靠的，因为事件视界的半径正比于质量，而众所周知表面积依赖于半径）。这与我们在热力学中所看到的熵的情况相同，因此人们开始怀疑是否黑洞的熵和它的面积有着某种联系。这不仅仅是一个有趣的类比，不是吗？约翰·惠勒的一个学生雅各布·贝肯斯坦（Jacob Bekenstein）走在了前面，他在自己的博士学位论文中提出了一个直接的联系。贝肯斯坦运用热力学中信息论的观点论证了黑洞事件视界的面积与它的熵成正比（这一选择意味着你要将事件视界的面积除以普朗克面积，并在乘以一个数值因子后得到熵。普朗克面积是一个物理学基本常数，是 10~70 平方米。这种单位的选择会使黑洞的熵特别大）。

最初，霍金并不相信贝肯斯坦的研究结果。但在进一步的验算中，他不仅证实了这个结果，而且加深了我们对黑洞热力学的原理的理解。或许我们应该去了解如何进行这些分析，这样我们既可以理解它的优势，也可以理解它的局限性。研究该领域的理想方法，是使用结合了量子力学和广义相对论的、被称为量子引力的方法，用它来研究类似黑洞中的奇点这种非常小但引力在其中有着重要作用的系统。不幸的是，我们目前还没有一个很好的量子引力理论。一个还不错的方法是使用广义相对论来计算时空如何弯曲，然后将其与量子力学一起使用，以理解粒子在弯曲时空中的行为。这就是霍金试图理解黑洞热力学的方法。

真空是空的吗

真空（也就是什么都“没有”的区域）这一概念有着悠久而曲折的历史。大多数古希腊哲学家都出于在今天看来似乎非常神秘的理由而讨厌这个想法，但还是有一小部分原子论者将真空纳入了对世界的描述。因此在科学复兴之前，真空的想法已经非常过时了。但随着 1650 年人们发明了空气泵，真空变得可以通过实验被证实。尽管按照现代的标准，在 17 世纪从容器能够抽出的空气量所提供给你的真空度仍然很差，但虚无的观念已变得更可信了。随着人们在 20 世纪初期证明了原子的存在毋庸置疑，验证某个空间区域中有没有原子，不仅变得无可争议，而且是不可避免的。

原子的存在被证明后不久，就出现了新的物理学理论——量子力学。这种新理论的一个令人惊讶的结论是：在短暂的瞬间内能量似乎不需要守恒。热力学第一定律是物理学中最重要，而且看上去牢不可破的原理，它坚称无论何时何地，在能量的借方和贷方之间都必须进行严格的核算。“能量必须始终保持平衡！”宇宙的会计大声疾呼。实际上，宇宙间的会计规则似乎更加宽松，并且有可能获得信贷。在短时间内借用能量是完全可以接受的，只要你随后迅速偿还即可。你所能借到的金额取决于贷款的期限，而这个量则由海森堡不确定性原理所描述。例如，即使在所谓空无一物的真空中，也可以借用足够的能量来产生粒子和反粒子对。这两个物体可能在一瞬间产生，并在持续极短时间后湮灭，而后在所允许的最长时间限内偿还能量（时间间隔越短，所能借入的能量就越多）。这样的过程每时每刻都在进行。我们甚至可以测出这个过程！现在，我们知道了真空实际上不是空的，而是由这些成对产生并消失的所谓虚粒子构成的场。因此，真空不是空无一物的不毛之地，而是充斥着量子层面的活动。

黑洞蒸发和霍金辐射

霍金使用现代关于真空的理论，也就是量子场论来研究粒子在黑洞事件视界附近的行为。他的分析是数学化的，但我们可以用一种非常简单的方式来描述它。实际上，在黑洞的事件视界附近产生的一对“虚”粒子，也就是一个粒子及其反粒子（电荷相反，质量相同）最后可能被拆散。如果这对正反粒子中的一个落入事件视界，它将陷入奇点，并且永远无法恢复。但是，其伙伴可能仍留在黑洞之外。这个粒子失去了它的虚拟伙伴，但现在是一个真实的粒子，并有逃逸的可能。如果粒子确实逃了出来而不是掉了回去，那么它就成了所谓**霍金辐射**的一部分。在远处的观察者看来，黑洞已经因为发射粒子而损失了质量。人们已经认识到，在考虑量子场论的情况下，黑洞并不是完全黑的，它可以辐射出粒子。这个论证也适用于光子。所以，如果霍金的论点是正确的，黑洞就会发出非常弱的光（也被称为电磁辐射）。

所有非零温的物体都会以光子的形式发出热辐射。你本人也会这样，这就是为什么即使在黑暗中你也会出现在红外摄像机上（这也正是警察和军方使用该类摄像机的原因）。物体越热，辐射的频率就越高。我们会发出红外辐射，但红热的火钳可以热到发出可见光。因为黑洞会发出霍金辐射，所以如前所述，它会具有一个温度（被称为霍金温度），然而通常这一温度非常低。质量为太阳的100倍的黑洞，它的霍金温度比绝对零度（比水的冰点低273摄氏度）只高不到十亿分之一摄氏度！这就是霍金辐射尚未被检测到的原因之一：它太弱了。但是，人们相信它确实是存在的。

然而，霍金辐射确实对黑洞的演化有一个有趣的影响：它是导致黑洞最终死亡的罪魁祸首。再想想这两个虚粒子。从黑洞中逃出的实粒子的能量必须为正，但由于虚粒子对是从真空中自发出现的，吸入黑洞中的虚粒子必须具有负能量作为补偿。因为能量和质量是相关联的，所以这个过程的效果是黑洞净增加了负质量。因此，由于发出霍金辐射，黑洞的质量将会降低。

由此，霍金发现了一种可以令黑洞蒸发的机制。随着时间的流逝，黑洞会慢慢发出辐射并损失质量。最初，这个过程非常缓慢。事实证明，黑洞越大，其“**表面引力**”越小。这是因为尽管表面引力取决于质量，但仍遵循平方反比定律。对于更大的黑洞来说，质量会更大，体积也更大。因此最终结果是，大黑洞的表面引力会很小，而这相当于温度非常低。因此，大的黑洞比小的黑洞发出的霍金辐射更少。

但是，随着黑洞蒸发并损失质量，霍金辐射的量会随着表面引力的增加而上升，因此温度也会升高。假设黑洞没有吸收任何其他的能量，这种效应将使质量损失的速度越来越快，直到黑洞在寿命尽头突然消失。因此，黑洞的寿命结束时并不会发出一声巨响，而是更加安静，发出“砰”的一声。这种蒸发过程仅适用于温度高于其周围环境温度的黑洞。在宇宙历史的当前阶段，从宇宙微波背景辐射的光谱形状测得的宇宙温度比绝对零度高 2.7 摄氏度，因此质量超过 100 万亿千克的黑洞现在不会蒸发，因为它们的温度低于其周围环境的温度。但是，当宇宙随着进一步膨胀而变得更冷时，这些质量比太阳小得多的黑洞就能蒸发了。到目前为止，宇宙中所有比这个微不足道的质量的百分之一还要小的黑洞都应该已经消失了。

黑洞信息悖论

这一切会引发的一个问题是：落入黑洞的物质中所储存的信息会怎么样？一种观点认为，即使黑洞在物质落入后马上就蒸发掉，这些信息也会永远丢失。另一种观点则认为那些信息不会丢失。后者的论证过程是，因为黑洞蒸发了，所以落入黑洞的原始物质中所包含的信息必须以某种方式存储在黑洞的辐射中。因此，如果你可以分析来自黑洞的所有霍金辐射并完全理解这些辐射的意义，你就能重建最初掉入黑洞中的所有物质的细节。关于这件事，在斯蒂芬·霍金、基普·索恩和约翰·普雷斯基尔（John Preskill）之间有一个著名的赌注。索恩和霍金支持前一种观点，而普雷斯基尔支持后一种观点。他们的赌注是，败者将输给胜者一套他所选择的百科全书。2004 年，霍金被“信息可以被编码在黑洞的辐射中”的想法彻底说服了，于是他认输并给了普雷斯基尔一套关于棒球的百科全书。不过，这件事现在仍然有争议。

尽管这些理论推测都很巧妙，但值得再次说明的是，人们连黑洞发出的最普通的霍金辐射都还没有观察到。物理学的历史上充斥着古老精巧但最终被证明是谬误的理论的残骸。实验和观测经常会产生出乎意料的结果。确实如此，从我们对宏伟的天文现象的观测可知，或许根本没人预测出黑洞的基本原理。未能观测到这些微弱的霍金辐射的原因之一，是我们所知道的许多黑洞都位于宇宙中某些最亮的物体的中心。而这些黑洞实在太大了，也就是说它们都太冷不能通过霍金辐射蒸发。这些物体由于完全不同的原因而异常明亮，我们将在第 6 章和第 8 章中对此进行探讨。

06

你怎样给黑洞称重

How Do You Weigh a Black Hole?

太阳以及围绕它运行的行星、矮行星（其中冥王星是最著名的例子）、小行星和彗星共同组成了太阳系。太阳系本身在银盘上绕着在**银心**的质心转动。我们的太阳系在银盘中的圆轨道上绕转的速度大约是 7 千米 / 秒，绕着银心转完一整圈需要几亿年。除了这种轨道运动之外，整个太阳系还垂直于**银道面**运动。它所表现出的这种运动是物理学家所熟知的简谐运动，而把我们的太阳系拉回到位于银道面上的平衡位置的回复力，则来自构成银盘的恒星和气体的引力。目前我们在这个平衡点上方约 45 光年的地方。从现在起大约 2100 万年后，太阳系将到达银盘上方 320 光年处的极值点；在此之后再过 4300 万年，太阳系将重新回到银河系的中心平面。当太阳系位于银道面的中心时，地球将最大限度地暴露在宇宙射线中。这些宇宙射线会在银道面上呼啸着转圈，它们被磁力线所俘获，以介于完全杂乱无章和完全有序之间的某种方式运动—— 一边沿着磁力线前进，一边绕着磁力线旋转。有人猜测可能是由于太阳穿过银道面的运动导致了恐龙灭绝。但是这种推测很难被证实或反驳，因为这种轨道运动的时标对于寿命通常不会超过一个世纪的人类观测者来说显然是难以观察的。人们采用足够精确和彻底的手段进行天文学观测也只有几个世纪。因此，在观测天文学中，当我们想要关注某种以比这还长得多的时标变化的过程时，这是一个很常见的问题。

然而，至少在相关的时标与人类及其望远镜所关注的时间尺度差不多的情况下，银河系中的轨道运动非常容易测量。既然我们在讨论黑洞，那么最令人感兴趣的显然是银河系最内部区域中恒星的轨道运动，这一区域位于天空中被称为人马座 A* 的那一部分。当我们观察这个在南半球最容易看到的区域时，也是在看向距我们 27 000 光年远的银河系的正中心。这是一个天体特别稠密的空间区域，而当我们想研究银心时，会导致两个问题。首先是恒星的空间密度较高，其次是尘埃很多。

第一个问题意味着你需要使用一种能够实现高分辨率成像的测量技术，也就是精细的细节可以被区分开，就像在给定的相机上长焦镜头提供的细节比广角镜头提供的细节更精细一样。仅仅使用更大的望远镜肯定不足以解决这个问题，因为除非我们把望远镜放在大气层外的卫星上，否则我们将不可避免地通过具有湍流的大气来观察所有的天体。不过，人们已经开发出了各种各样的技术来消除地球大气中湍流的影响。最为重要的是一种被称为**自适应光学**的技术。这种技术的工作原理是观察明亮恒星（被称为导星）模糊的图像，通过使望远镜的主镜变形以抵消这种变化着的使图像模糊的效应，从而校正大气变化的影响。当所感兴趣的天空中没有明亮的恒星时，则可以向上发出高功率的准直激光束，以激发大气中的原子，并由此进行大气校正。

第二个问题是朝着银心的方向存在着大量的星际尘埃，这所导致的问题是：很难透过尘埃看到可见光，就像来自太阳的紫外线很难透过不透明的遮阳帽一样。解决这个问题的方法是：我们需要在红外波段而不是可见光波段进行观测。

如何测量银河中心的黑洞的质量

这种红外观测得到了两个小组的支持，一个小组由加利福尼亚的安德烈·盖齐（Andrea Ghez）领导，另一个小组由德国的莱因哈特·甘泽尔（Reinhard Genzel）领导。两支团队的工作均独立提供了对银河系中心质量的非常精确的测量结果。图 14 展示了安德烈·盖齐和她的团队的数据。在过去的几年中，他们对银心的中心区域进行了多次观测，并看到了每次观测中恒星相对上一次观测是如何运动的。因为这些恒星的光谱类型是已知的，因此它们的质量也是已知的。年复一年，随着每颗恒星的轨道路径变得清晰，盖齐及其团队能够根据动力学方程（开普勒定律，也是主导了我们太阳周围行星运动的定律）独立求解每个轨道，并推算出这些轨道共同的焦点所在的“黑暗”区域的质量。这些独立的解很好地确定了该暗区的质量。现在人们知道，暗区在半径不超过 6 个光时的区域内，具有的质量刚好是我们太阳质量的 400 万倍。因为这个物体虽然不可见，但质量非常大，所以唯一的结论就是我们银河系的中心存在一个巨大的黑洞。

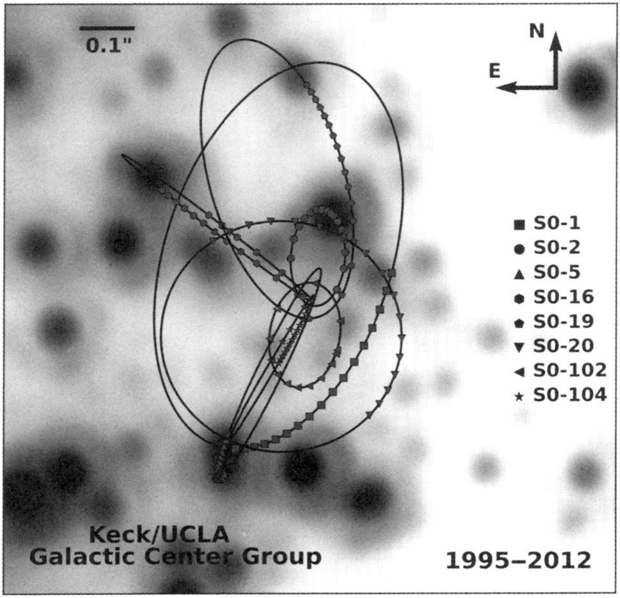

图 14　该图显示了绕我们银河系中心黑洞运动的恒星的连续位置

没有理由认为我们所在的星系——银河系——是唯一的中心存在一个黑洞的星系。与此相反，人们强烈怀疑所有星系，至少在更大的星系的中心，都可能存在一个黑洞。这是由于当时在杜伦大学的约翰·马格里安（John Magorrian）和同事发现了一对看起来非常基本的关系，也就是星系中心的黑洞质量与星系质量的关系。当然，不论测量黑洞的质量还是星系的质量都非常困难。在我们银河系中心表现得如此出色的技术无法应用于外面的星系，因为它们太远了。

椭圆星系中心的黑洞质量超过了太阳质量的100万倍，实际上可能达到甚至超过太阳质量的10亿倍。因此，它们通常被称为**超大质量黑洞**。

尽管在测量黑洞质量和星系质量方面存在着困难，但是人们已经发现，在各种不同的星系中，中心黑洞的质量与其宿主星系的质量成比例。人们认为这暗示着中心黑洞和星系本身在整个宇宙的时间尺度上是协同生长和演化的。

银盘上遍布着许多黑洞

除了位于银河系中心的唯一中心超大质量黑洞之外，人们认为在每个星系的范围内还散布着几百万个黑洞，并相信这些黑洞与星系中心的黑洞的形成方式非常不同。星系中心的黑洞是通过逐渐吸收下落的物质增长，而这些**恒星质量黑洞**以前则是大质量恒星，曾经发出非常明亮的光芒，其内部的聚变产生了能量并使之保持高温高压，而最重要的一点在于这些能量可以抵抗引力坍缩。当它们的核燃料全部耗尽时，就不再存在可以支撑恒星的辐射压，因而就没有任何东西可以平衡向内的引力。对于质量与我们的太阳相似的恒星，在引力作用下的坍缩最终会形成一个被称为白矮星的致密物体。致密一词在天体物理学中具有特殊的含义，表示该物质的密度与普通物质完全不同。按照普通物质密度的标准，白矮星中的物质已经被极度压缩，所以它是致密的。这些物质的所有电子都与其原子核相分离，也就是被电离了，但是又很冷（通常物质仅在高温下才会被电离）。电子产生抵抗持续向内引力的压力，是因为它拒绝被压缩到过于狭窄的区域（这是海森堡不确定性原理的结果），这种效应的学名是电子简并压力。如果在用尽所有燃料后**坍缩**中的恒星的质量更大一些，那么使物质收缩的引力也会更大，使得电子和对应的质子会融合形成中子。这样就可以形成比白矮星更加致密的天体——中子星。

如果我们对黑洞感兴趣，那么我们必须转向比将会生成白矮星甚至中子星的恒星的质量更大的恒星。质量更大的恒星在其燃料持续存在且核聚变能够维持的期间将会非常亮。一旦所有燃料都被用完，恒星的寿命就结束了，发出的光也会熄灭。如果这颗恒星现在已经足够重，以至于引力甚至可以压垮强大的“中子简并压力”，那么因此导致的坍缩会强到连中子简并压力也无法平衡，于是坍缩就会不可避免地导致黑洞的产生。大质量恒星的坍缩通常伴随着壮观的超新星残骸的爆发，而在原来恒星的位置上只会留下一个黑洞。在这样的爆炸中，许多元素，尤其是比铁重的元素，都被合成了出来。

第一个通过测定双星系统中两颗星的质量而认证的黑洞叫 V404 Cyg。豪尔赫·卡萨雷斯（Jorge Casares）与菲尔·查尔斯（Phil Charles）和他们的同事非常仔细地观测了两颗星的轨道，并从分析中推断出这对双星包含一颗质量至少是太阳 6 倍的致密星，因此它就是一个黑洞（后来发现它的质量其实是太阳的 12 倍）。

对银河系中的恒星数量及其质量进行合理估算是可行的。之后通过考虑有多少大质量恒星在足够早的历史时期就已经形成，并且到现在已经通过聚变用掉了所有的核燃料，我们就可以估算银河系中“恒星质量”黑洞的数量。即使我们银河系中只有极少比例的恒星会演化成黑洞，但因为银河系中有超过 10^{11} 个星体，所以我们仍然会有许多黑洞。

我们如何测量这些遍布星系的黑洞质量？实际上，对于某些恒星所残留的黑洞，需要用到的技术在动力学上面与测量银河系中心的黑洞时所使用的技术非常相似。原因是我们银河系以及其他星系中很大一部分恒星，都形成了成对的双星系统。我们很容易猜测到这是怎么发生的：引力使得物体互相吸引，而很多两体轨道都是稳定的，因此一旦两颗恒星相遇并被引力束缚在一起，它们就很可能会保持这种状态。对于双星系统，如果我们可以测量恒星彼此绕转完整的一圈所花费的时间——也就是轨道周期的时长，并且如果我们知道它们之间的距离，那么就可以知道它们的质量。如果致密星绕着光谱类型与质量都已知的正常恒星（正在发生聚变）的轨道运动，那么致密星的质量就很容易测出。如果类似黑洞这样的致密星是孤立的，没有处于双星系统中，那么缺少其动力学信息就意味着没有办法推断出它的质量或确定它确实是黑洞。我们可以测量的最小的黑洞质量是太阳的几倍，但是最重的恒星质量的黑洞可能比我们的太阳重 100 倍。

在当前的技术条件下，测量黑洞质量非常容易，不过这仍然需要良好的耐心和韧性。鉴于质量本质上只是黑洞两个基本的物理特性之一，因此这些研究只能让我们了解它一半的特性。不过，测量黑洞自旋的难度要更大，而在第 7 章中，我会描述尝试并做到这一点所需的英勇努力。

07

吃得更多，长得更大

Eating More and Growing Bigger

它们吃得有多快

黑洞会“吞噬一切其周围物质”的流行观点，只在事件视界附近成立，并且坠入物质的角动量还不能太大。在远离黑洞的地方，外部的引力场与质量相同的任何其他球形物体的引力场相同。因此，一个粒子可以按照牛顿动力学，像绕着其他恒星一样，绕着黑洞公转。是什么打破了粒子绕着圆圈（实际上是椭圆）不停转下去的模式，而按照更奇特的轨迹运行呢？答案是，总是有不止一个粒子在绕着黑洞转。我们观察到的天体物理学现象之所以丰富多彩，是因为有许多物质在黑洞周围绕转，这些物质之间可以发生相互作用。此外，引力并不是唯一的必须遵守的物理定律：角动量守恒定律也必须成立。将这些定律应用于可能被黑洞吸引的大量物质，会引发显著的可观测现象，被称为类星体的奇异天体就是一个很好的例子。**类星体**就是核心有一个超大质量黑洞的星系中心的天体，它对自身附近物质有影响，这种影响，使它在整个电磁波谱发出的光甚至比某些星系中所有恒星还要亮。我们将在第 8 章中讨论类星体和其他类型的“活动星系”，还有缩小版的微类星体——它们的黑洞要比类星体内的黑洞质量小几个量级。现在，让我们回过头来继续探究黑洞周围的物质。

正如我们所看到的，你没有办法直接观测一个孤立的黑洞，因为它根本不会发光，你只能通过黑洞与其他物质的相互作用来探测它。任何落入黑洞的物质都将获得动能，并且与其他下落物质一起形成旋涡。这个旋涡被称为**湍流**，通过湍流的物质会被加热，而这种加热会使原子电离，发出电磁辐射。因此，黑洞对附近物质的作用会导致黑洞周围发出辐射，而黑洞本身不会辐射。

黑洞不是在太空中孤立的、没有相互作用的实体。它们的引力场会将所有物质吸过去，无论是附近的气体还是恒星。由于引力随着距离的缩短而急剧增加，如果恒星不幸与黑洞发生了近距离接触，它们就会被撕裂。图15就是一个例子。被吸过去的物质中有一部分将被黑洞完全吞噬或**吸收**。物质不会只是加速冲向黑洞，并飞快地穿过事件视界。相反，在引力吸引物质并使其靠近黑洞时，会有一些精心设计的“求爱仪式”。人们发现，吸积物质会具有特殊的几何形状——通常是盘状。如果引力场是成球状对称的，黑洞将无法决定气体沉积到哪个平面上形成吸积盘——吸积盘的平面位置将由远离黑洞的气体流的性质决定。但是，如果黑洞具有自转，那么无论在半径较大的地方气体如何流动，物质最终都会沉积到垂直于其自转轴的平面上。如果被吸引的物质根本没有旋转，那么就必须考虑在第3章中当我们讨论最终会坍缩成黑洞的物质的转动时所提到的角动量守恒。旋转意味着物质在失去能量时将沿着非常圆但实际上是螺旋状的轨道向内运动。在黑洞附近，我们在第3章中提到的伦泽－蒂林效应则意味着，在半径较小的地方，吸积盘可能会与旋转黑洞的赤道面一致（这个论点中，此效应称为巴丁－彼得森效应）。

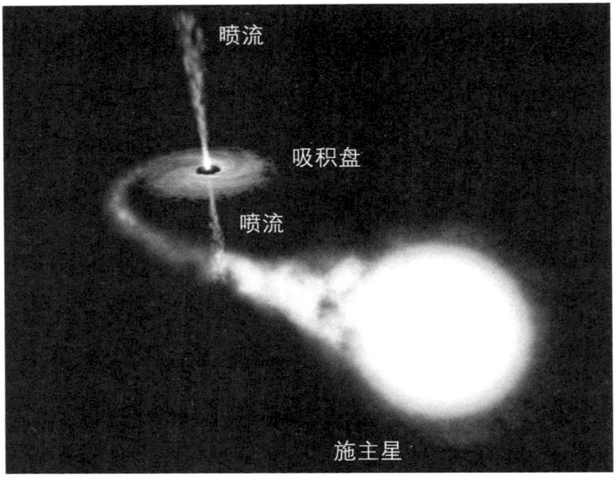

图 15 艺术家关于吸积盘（从中可以看到射出的喷流——见第8章）和施主星的艺术效果图。其中施主星正被吸积盘中心的黑洞的潮汐力所撕裂

如果气体是坍缩物质的重要组分，那么气体原子就可以与位于其所在轨道上的其他气体原子发生碰撞，而这些碰撞会导致那些原子中的电子被激发到更高的能级。当这些电子回落更低的能级时，它们所释放的光子能量恰好是电子所在的较高能级与较低能级间的能量之差。释放出光子就产生了辐射能，这意味着坍缩中的气体云损失了能量。尽管

能量被释放了出来，但整体的角动量保持不变。因为角动量依然留存在系统中，所以坍缩中的物质仍然会在某个平面上保持初始净角动量的方向旋转。因此，被吸引的物质将总会形成一个吸积盘—— 一种可以维持很长时间的物质绕着黑洞运转的结构。由于绕转的物质可以离黑洞非常近，物质实际的热度可能达到令吸积盘所发出的辐射包含 X 射线光子，温度几乎等于 1000 万度（温度这么高的时候，使用开氏温标还是摄氏温标并没有太大关系）。

对牛顿物理学中一些熟悉的方程的简单分析表明，给定质量的下落物质所释放出的引力能，取决于其质量与它旋转落入的黑洞质量的乘积，以及下落物质最终距离黑洞的远近。如图 16 所示，对于给定质量的，类似黑洞这样产生引力的物体，下落的物质离它越近，释放出的引力势能就越大。可辐射出的能量是下落物质在加速之前位于远处时的能量（使用爱因斯坦著名的公式 $E=mc^2$ 计算，其中 E 是能量，m 是质量，c 是光速）与它在最内稳定圆轨道上的能量之差。

尽管聚变是地球未来能源的巨大希望，但它最多只能产生可用能量（由 $E=mc^2$ 计算出）的 0.7%。

相比之下，可用的静止质量的更多部分，则可以通过电磁辐射或其他辐射从吸积物质中以能量的形式释放出来。如第 4 章中所述，吸积物质能够到达离黑洞多近的地方，取决于黑洞的旋转速度。如果黑洞旋转很快，则物质就可以维持在更小（或者说距离黑洞更近的）轨道上绕转的模式。事实上，将物质吸积到旋转的黑洞上，是用质量换取能量的最有效方法。人们认为正是这个过程为类星体提供了燃料。类星体是宇宙中最强大的持续释放能量的场所，我们将在第 8 章中进一步讨论这个问题。

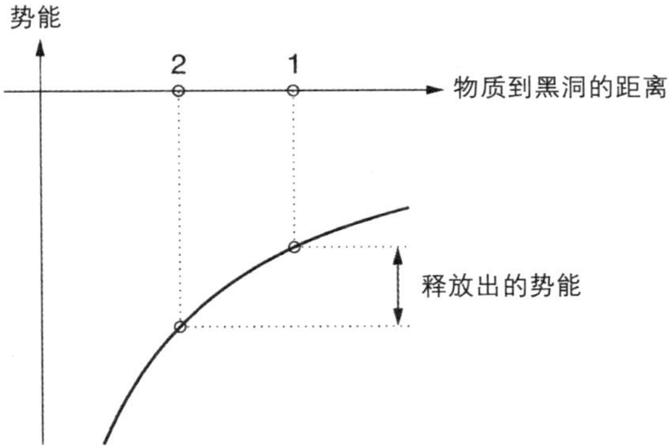

图 16　该图显示质量（测试粒子）的势能如何随着到黑洞的距离减小而减小

我已经提到过质量和能量之间是等效的，并且对于史瓦西（无旋转）黑洞来说，原则上可以释放相当于其初始质量6%的能量。罗伊·克尔找出的爱因斯坦场方程的解表明：旋转黑洞的最内稳定圆轨道的半径比相同质量的无旋转黑洞小得多。原则上可以从克尔黑洞中提取更多的转动能，但前提是下落的物质按照与黑洞本身相同的方向转动。如果物质按照与黑洞自转方向相反的方向转动，也就是说它处于逆行轨道上，那么就只有不到4%的静止能量会以电磁辐射的形式被释放出来。假如物质坠入一个以最大限度自转的黑洞，并且自转方向与黑洞自转的方向相同，那么原则上如果该物质能够损失足够多的角动量，并且能够在顺行的最内稳定圆轨道上绕转，将有多达42%的静止能量能以辐射形式被释放出来。

它们吃得有多快？

我们在第6章提到过，位于人马座A*的银河中心黑洞的吸积率是每年亿分之一的太阳质量。听起来似乎不多，但要知道，这相当于每年吞噬300个地球。典型类星体的巨大光度所需要的物质落入量，是每年几倍的太阳质量。而我们将在第8章中讨论的更小规模的微类星体的典型光度，所需的物质落入量可能是典型类星体的百万分之一。

另一种类似的能量提取过程可能发生在**伽马射线暴**中，通常也被称为GRBs。它是指突然闪烁的强烈的伽马射线束，与遥远星系中的剧烈爆炸有关。20世纪60年代后期，美国卫星首次观测到这些射线束，它们一开始发出的信号被怀疑是来自苏联的核武器。

考虑到物质通过圆盘螺旋落入黑洞的情况是普遍存在的，物理学家们认为对一些重要物理量的大小进行简单而有启发性的计算是非常有帮助的。如果我们考虑的是球面几何而不是圆盘几何，那么某些有趣的限制就会出现：一个特别有说服力的例子来自恒星世界，与吸积盘相比，将它们视为等离子体球要好得多。亚瑟·爱丁顿爵士指出，被激发的电子与恒星热气体中的其他离子碰撞，所释放的辐射将对随后被其拦截的任何物质施加辐射压力。光子可以“散射”

（这就意味着“给予能量和动量”）恒星内部被热电离的等离子体中的电子。向外的压力通过静电力（由电荷相互作用产生的与引力类似的力）传递到带正电的离子上：例如氢原子核（也被称为质子）、氦，还有其他更重的元素的原子核。

以恒星为例，净辐射沿着径向射出，由此产生的辐射压也与将物质向内拉向中心的引力作用方向相反。对于类球形的恒星而言，在向外的辐射压力超过向内的引力并使恒星自己炸开之前，其辐射压有一个最大限制。这个辐射压的最大值被称为**爱丁顿极限**。更高的辐射压力必然来自能产生更高辐射光度，如果我们知道到物体的距离，就可以根据其亮度估算它的光度。因此，通过一些简化假设——比如将吸积盘视为球体，就可以推断出物体内部的辐射压力大小。这种简单的方法有时被用于粗略估计黑洞的质量：通过观测周围等离子体所发出的辐射的光度，并假设这就是达到最大极限值的“爱丁顿光度”（超过这个阈值的光度所施加的辐射压力，会高到足以超过内部质量产生的引力，从而将自身撑爆），就可以估算出它的质量。

在对物质吸积率作出合理假定的情况下，爱丁顿光度可以看成是物质所能达到的最大吸积率。这给出了一个被称为爱丁顿比率（在假定的效率下）的最大值。有多种方法可以打破这个最大值的限制，其中之一就是拒绝球对称假设（对于恒星来说还好，但显然不适用于我们为理解黑洞如何生长所需要考虑的圆盘几何）。

如何测量吸积盘内的旋转速度

由于天文学技术的进步，现在，至少在离地球比较近的情况下，可以测量物质绕黑洞运行的速度。最大的挑战之一是：要获得在足够精确的角度范围内的信息非常难。其所需的空间分辨率比通常的光学望远镜高出至少 100 倍，有时甚至是 1000 倍。原则上，用望远镜获得更高分辨率的方法是在更短的波长下观测，或者建造更大的望远镜，尤其注意要减小观测波长与所用望远镜口径的比值。不幸的是，后一种方法非常昂贵，前一种方法则会将通常的可见光观测带到紫外区域，而紫外线是很难穿过地球大气的。与直觉相悖，要实现更小的观测波长与望远镜口径之比，需要在无线电波段（比可见光或紫外线的波长长得多）观察，因为无线电波可以穿过大气层，但这样一来望远镜的口径几乎要等于地球直径。

这个方法存在的一些技术问题，需要在此稍作讨论：事实证明，多亏法国数学家让·巴普蒂斯·约瑟夫·傅里叶（Jean Baptiste Joseph Fourier）在数学发展中作出的贡献，即使实际采集区域只是理想状况下完整孔径的稀疏子集，对于望远镜完整孔径所观察到的信号，我们还是能将其中大部分恢复出来。如果将分立天线（每个天线看起来像一个单独的望远镜，请参见图17所示被称为VLBA的甚长基线阵列）的信号相互关联在一起，就可以重构天空中某个区域内的图像，这些图像的精细程度与一个完整地球大小的望远镜所能观察到的图像的精细程度相当。为了表明这个分辨率有多惊人，假设我站在纽约帝国大厦的顶上，而你在旧金山，在这个距离下，你仍然能看清我的小拇指指甲（我忽略了地球是一个球体，实际上旧金山和帝国大厦之间并没有直接的视线，但你应该能明白我想说什么）。这意味着使用VLBA，我们可以分辨其他星系中尺度小于一个光月的图像。

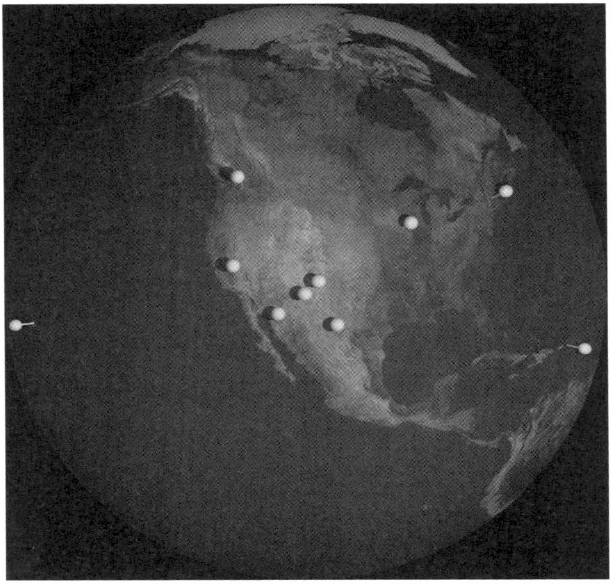

图 17　艺术家关于甚长基线阵列（VLBA）的艺术效果图。这些天线可以共同给出分辨率与孔径几乎等于地球半径的望远镜相同的图像

同时具有空间意义上的高分辨率和光谱意义上的高分辨率（意味着我们可以非常精确地识别光谱中某个特定的波长），是一种非常强大的结合。哈佛大学的吉姆·莫兰（Jim Moran）所领导的研究小组，利用多普勒效应对附近一个名为 NGC 4258 的星系中心黑洞周围的吸积盘使用 VLBA 进行了观测。他们测量了在整个旋转的吸积盘上波长变化的特定光谱信号（被称为“**水脉泽**”），并利用随着发出脉泽的物质靠近和远离地球时导致的红移和蓝移，来探测物质在黑洞周围给定距离的轨道上运动速度的变化。这些精确的数据证实了物质绕着黑洞转动的轨道正如开普勒定律所描述的那样，这些轨道如图 18 所示。

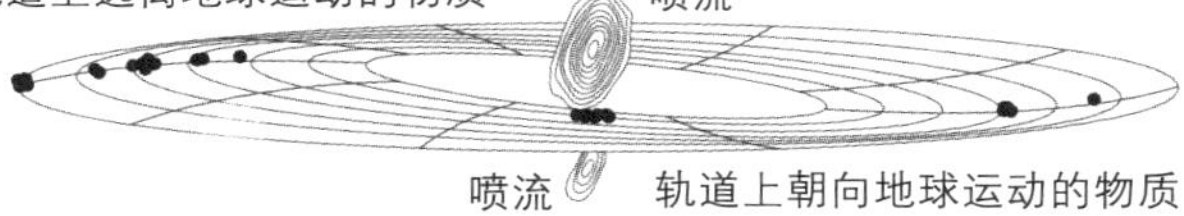

图 18　VLBA 测量了星系 NGC 4258（也被称为梅西耶 106）的吸积盘上绕中心黑洞转动的分立脉泽的分布。这个黑洞的质量是太阳质量的 4000 万倍

旋转的物质

在质量是我们太阳质量1亿倍的黑洞的最内稳定轨道中，角动量是典型星系中绕转的物质的角动量的万分之一。显然，要让物质被黑洞所吸积，就需要除去绝大部分的角动量，而这正是通过吸积盘实现的。吸积盘中的轨道可以被近似地看成圆形，尽管实际上它们是两侧略微收缩成螺旋状的。开普勒定律表明，在半径较小的轨道上的物质将比在半径稍大的轨道上的物质运动得更快。这种较差转动使得黑洞能够吸收构成吸积盘的等离子体：快速旋转的更加靠内的轨道上的物质，会与半径稍大的相邻轨道上旋转较慢的物质发生摩擦，从而产生热量。这种速度上的差异意味着，由于黏性湍流效应，稍大的轨道上的物质将被拖快一些；相应地，更靠内的轨道上的物质将被拖慢一些。因此，由于轨道运动进一步增加，角动量会从内部物质传递到外部物质，同时将物质加热。

总体而言角动量是守恒的，内部物质可以逐步失去角动量，因而更容易被黑洞吞噬。请注意，如果轨道上的一团物质角动量太大，那么它将远离所绕转的质心——它将因移动得太快而无法靠近。什么样的黏性效应可能与吸积盘内的等离子体有关呢？在这种情况下，原子间的黏度会很小，构成吸积盘的气态等离子体稠度与糖浆相差甚远。实际上，磁场对于将角动量转移出来可能非常重要。磁场从何而来？吸积盘中的等离子体非常热，因此原子被部分电离为电子和带正电的核子。如同詹姆斯·克拉克·麦克斯韦（James Clerk Maxwell）的方程所描述，带电粒子流和移动的电荷会产生磁场。只要存在非常微弱的磁场，它们就可以被较差自转[1]拉伸和放大，并被等离子体的湍流所修正，直至达到所需的黏度。这就是所谓“磁旋转不稳定性”的基础。20世纪90年代初，在弗吉尼亚大学工作的史蒂夫·拜尔巴斯（Steve Balbus）和约翰·霍利（John Hawley）最早意识到了这种机制的重要性。

通过黏性湍流和其他可能的方式，等离子体最终会失去角动量，并在更靠近黑洞的、比其半径更小的轨道上绕转。一旦气态等离子体到达最内稳定

1　又名“差动自转”，指天体自转时不同部位的角速度互不相同的现象。

轨道，不再需要任何摩擦力就可以落入黑洞，此后就再也看不到它了，但它会增加黑洞的质量和自旋。

吸积盘看起来是什么样的，它们有多热

我们已经看到，黏性和湍流效应在去除轨道物质的角动量方面起着重要作用，因为它们，物质大可以在更近的地方绕黑洞运动，并被黑洞吞噬。不过，黏性作用会导致的一个后果是，整体的轨道螺旋运动被转换为随机的热运动，物质变热了。物质的随机热运动越剧烈，其所拥有的热能就越多，温度也越高。如第 5 章所述，有热量的地方就会有热电磁辐射。除非处于绝对零度，每个物体都会发出热辐射。

这个加热过程是我们能从吸积盘上观测到高光度辐射的原因。对于环绕位于类星体中心的超大质量黑洞的吸积盘，其特征尺度有 10 亿千里，并且这些吸积盘发出的辐射在光谱上主要分布在可见光和紫外区域。对于在所谓微类星体（会在第 8 章中进行讨论）中质量更小的黑洞的吸积盘，其大小要比

类星体小 100 万倍，并且辐射以 X 射线为主。黑洞质量越大，最内稳定圆轨道就越大，因此周围的吸积盘也就会越冷。

质量是太阳 100 倍的超大质量黑洞周围的吸积盘，最高温度可达 100 万开尔文；而恒星质量黑洞周围的吸积盘的最高温度，比这还要高 100 倍。

如何测量黑洞自旋有多快

实际上，你无法直接看到黑洞，因此你也看不到它们在旋转。但仍然有两种主流的方法可以测量黑洞的自旋有多快。如第 4 章所述，当黑洞的自旋非常快时，黑洞周围稳定轨道上的物质就可能比没有自旋的情况下靠得更近。事实证明，在离黑洞非常近的轨道上的物质，螺旋下落时会由于强烈的湍流和黏性效应被加热，巨大的热量使它辐射出 X 射线，这种辐射同时取决于物质被黑洞吞噬前与黑洞有多近。广义相对论预言，谱线形状呈现的某种特征是受辐射物质与黑洞的距离影响。这种特征来自于物质中铁原子的荧光辐射，这一从 X 射线光中提取信息的方法由剑桥大学的安德鲁·法比安（Andrew Fabian）率先提出。

这种测量非常具有挑战性，因为存在许多不可控的因素，比如吸积盘相对于地球的倾斜度，以及实际上来自吸积盘表面的风和外流物质的性质。在吸积盘内缘的附近（沿着我们的视线方向）有着可以揭示黑洞信息的特征，关于黑洞的信息通过其他方式是看不到的。测量恒星质量黑洞自转的其他方法包括测量较大范围的 X 射线谱，用于解释吸积盘的内部区域（更热）和较远区域（逐渐变冷）的不同温度。我们可以根据 X 射线光谱的形状得到吸积盘的倾角，并根据最高温度（假设你知道黑洞的质量及其与地球的距离）得到最内的物质在离黑洞多远的地方绕转。杜伦大学的克里斯汀·多恩（Christine Done）正在开发一种类似的方法，以便测量类星体中心的超大质量黑洞的自旋。物质能够在多近的轨道（在被黑洞吞没之前）上绕转，会告诉你黑洞的自旋有多快。

狼吞虎咽的黑洞

事实证明，只有一小部分（估计有10%，尽管实际上可能比这要高得多）被吸向黑洞的物质能到达事件视界并被吞噬。第8章将讨论那些落向黑洞却没有被吞没到事件视界内的物质发生了什么。在穿过吸积盘时，物质可以像风一样被吹走；而从吸积盘的最内半径里会喷出速度非常接近光速的快速等离子体喷流。如第8章所述，没有被黑洞吞噬的东西会旋转而出，形成相当壮观的喷射。

08

黑洞和副产品

Black Holes and Spin-offs

黑洞不只是吸收

如果我们的眼睛可以在射电或者X射线波段观察天空，就会看到一些星系被巨大的气球或等离子体波瓣包裹。这些等离子体中含有运动速度接近光速的带电粒子，发出一定波长范围内的辐射。其中一些星系（比如“活动星系”）所表现出的等离子波瓣是由喷流所产生的，它们是从黑洞事件视界周围喷出来的，运动速度快到可以与光速相提并论。罗杰·彭罗斯概括性地指出：理论上，从黑洞的能层中提取自转能量是可能的。罗杰·布兰福德（Roger Blandford）和罗曼·扎纳克（Roman Znajek）明确提出了将旋转黑洞中存储的能量转移到电场和磁场中的方法，从而为产生相对论性等离子体喷流提供动力。从黑洞附近发出喷流的机制也有其他解释，这些解释中哪个才是正确的，正是当前活跃且令人兴奋的研究主题。

最终无论哪种机制被证实，这些喷流都是从黑洞附近（当然是在事件视界外）喷出的高度聚焦且准直的射流。实际上，星系之间的区域并不是真空。与此相反，其中弥散着非常稀薄的被称为**星际介质**的气体。当喷流撞击星际介质时会形成激波，其内部会发生壮观的粒子加速，而被黑洞附近喷流所激发的等离子体，其内部也会发生极其剧烈的运动，从而流出当前的激流区域。随着等离子体膨胀，它会向星际介质传输大量能量。这些等离子喷流中，有许多会延伸至数百万光年外。因此，黑洞对超过事件视界很多光年的宇宙依然有着巨大影响。在本章中，我将描述黑洞对其周围环境的影响以及与周围环境的相互作用。

如第 6 章所述，在大多数星系的中心（可能）有一个黑洞，物质会被其吸积，从而产生电磁辐射。这样的星系被称为活动星系。它们其中一些的吸积过程非常有效，产生的辐射光度极高。这样的星系被称为类星体（这个词源于它们最初被识别为“类似恒星的射电源”，因为它们是遥远的亮度很高的射电点光源）。我们现在知道，类星体是宇宙中已知的最强大的持续能量释放场所。类星体辐射的能量跨越整个电磁频谱，从长波射电波到光学（可见光）波段，再到X射线并继续向后。上面提到的射电瓣之所以特别引人注目，是因为它们跨越了数十万光年（见图19）。射电波段辐射的能量来自那些巨大的波瓣——也就是存有超热的磁化等离子体的地方，其能量是由空间上长距离传输能量的喷流所提供的。高能电子（此处高能是指其传播速度非常接近光速）在行经等离子体波瓣时会受到来自遍布其中的磁场所施加的垂直于运动方向的力。这种加速使它们发出被称为同步辐射的光子（可能是射电的，也可能是红外的；或者在极短的波长下高能的情况，也可能是X射线）。

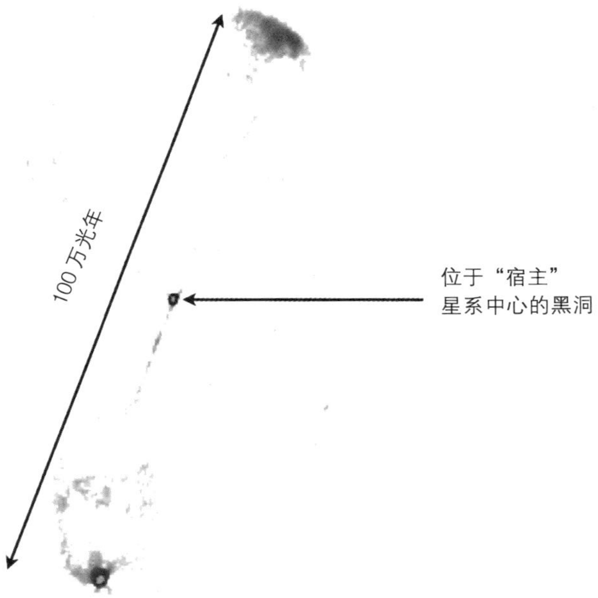

图 19　一个巨大类星体的射电图像。它的范围超过 100 万光年

要了解类星体产生的功率的规模，我们来考虑以下几个典型情况。我用于工作的 LED 灯，输出功率是 10 瓦。它们由输出功率高达数十亿瓦的本地发电站提供的电能所点亮（10 亿瓦等于 10^9 瓦或 1 吉瓦）。太阳的输出功率约为 4×10^{26} 瓦，是这个

发电站功率的10亿亿倍。我们所在的星系，也就是银河系包含超过1000亿颗恒星，其输出功率接近10^{37}瓦。但是类星体产生的功率甚至可以比银河系的输出功率高100倍以上。请记住，这个功率不是由一个星系或1000亿颗恒星发出的，而是由单个黑洞周围的能量所产生的。这样的辐射可能会对地球上生物的健康造成极大损害，因此可以说我们非常幸运，因为在距离银河系很近的地方没有这样强大的类星体！

人们认为类星体中的喷流可以持续10亿年或更短时间，这个判断来自对这些物体喷流的成长速度的估计，以及对它们长大后的尺寸的测量。因此根据距离、时间和速度之间的简单关系，可以为整个宇宙中类星体中可能观测到的喷流活动的持续时间提供参考。

随着这些射电波瓣的扩张，它们的磁场会减弱，波瓣中各个电子的“内部”能量也随之减弱。这两种效应会让辐射强度随着时间的推移和到黑洞距离的增加而减小，强度下降的幅度取决于其中高能电子与低能电子的相对数量。同步辐射的一个特性是，磁场强度越弱，所需的产生射电望远镜可接收长波的辐射的电子能量就越高。所以当等离子体波瓣扩展到外部空间时，同步辐射也随之减弱。不仅电子会随着等离子体的膨胀损失能量，随着磁场强度的减弱，与被望远镜观测到的现象有关的，只有那些和高能量电子相关的现象，而且通常情况下，这些电子的数量要远少于低能电子。就类星体的射电波瓣而言，光可以在很短时间内就熄灭。

不过，这场表演还远没有结束，只是奇观转移到了另一个波段。一些非比寻常的事情正在发生：波瓣会在 X 射线波段上亮起来。这是通过被称为**“逆康普顿散射”**的过程发生的。当存在足够大的磁场时，电子会发出同步辐射，从而失去能量。而我们在此处讨论的另一种能量损失机制，则是通过这些电子与构成宇宙微波背景辐射（CMB）的光子相互作用发生的，这些光子源于大爆炸残留的辐射，宇宙目前正沐浴在这种凉爽的微波辉光中。这些电子可能会与 CMB 中的光子发生碰撞，光子从中获得比碰撞前高得多的能量，电子则相反

（要记住整体的能量是守恒的）。特别令人感兴趣的是，当快速运动的电子能量减少到静止电子能量的1000倍时（此前是静止电子能量的成百上千倍），恰好可以将CMB光子散射为X射线光子。高能电子与低能光子通过相互作用产生高能光子。这在某种程度上类似斯诺克中的情况，白色母球（想象这是一个电子）与某个红色的斯诺克球发生碰撞（为了便于说明，请忽略球并没有以光速运动），而红色的球从母球那里获得了大量能量。尽管（希望如此）红球最终会落在台球桌上的一个球袋中，但光子（原本的波长约为1毫米）获得的能量是碰撞前的100万倍，因此它的波长也缩短了100万倍。

NASA于1999年发射的**钱德拉**（Chandra）卫星对X射线波段很敏感，并且能够在X射线波段探测到一对哑铃形的波瓣，就像射电望远镜可以在厘米波段探测到这些双瓣结构一样。图20和21显示了在射电波段观察到的双瓣结构的等高线图和在X射线波段探测到的双瓣结构的灰度图。

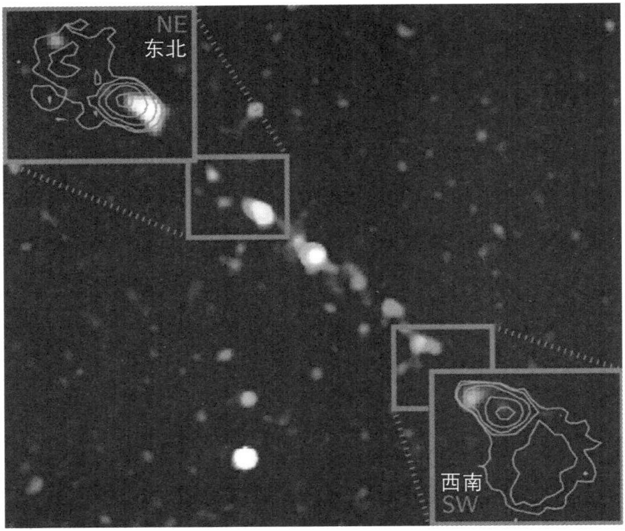

图 20 这个巨大的类星体的范围达到了 50 万光年，并且在射电（以等高线显示）和 X 射线（以灰度显示）波段都具有双瓣结构

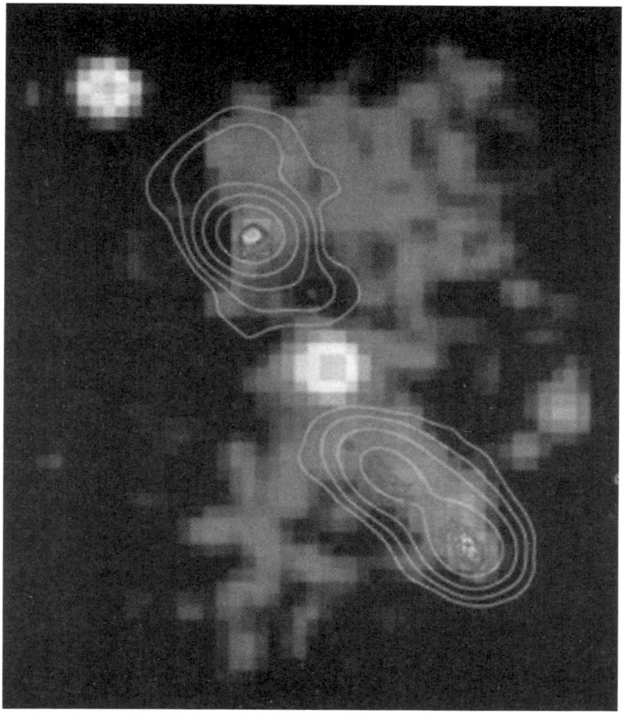

图 21　该类星体在射电波段（等高线图）上观测到的双瓣结构显示出近期的活动与在 X 射线能量（灰度，CMB 光子的逆康普顿散射所揭示的遗迹的辐射）下观测到的双瓣结构的方向不同，这表明喷流轴可能像微型类星体的喷流轴一样发生进动

实际上，如果我们能够监测这些类星体在整个演化阶段的生命周期（这与生物学家观察青蛙的生命周期类似，从蛙卵到蝌蚪，再到带有很小的腿的蝌蚪，到尾巴粗短的小青蛙，最后到大青蛙和死青蛙），我们将观察到双重结构辐射从射电波段逐渐变为 X 射线波段。首先，射电结构会逐渐消失，直到无法探测到，然后 X 射线结构也将逐渐消失，直至无法探测到。当然，如果喷流重新开始——例如黑洞获得了更多的燃料，那么喷流将为新的发射射电波的双瓣提供燃料，然后再为发射 X 射线的波瓣提供燃料。如图 20 和 21 所示，在某些类星体中，我们可以同时看到射电和 X 射线的双重结构，而在另一些类星体中，只能看到射电或 X 射线其中之一（图 22）。在一些不同寻常的情况下，我们看到了 X 射线的双重结构，这与先前的喷流活动相对应，但也有一些角度不同的新射电活动，这是因为反向喷射的喷流方向发生了转动，也就是产生了进动。这种现象的一个例子如图 21 所示。

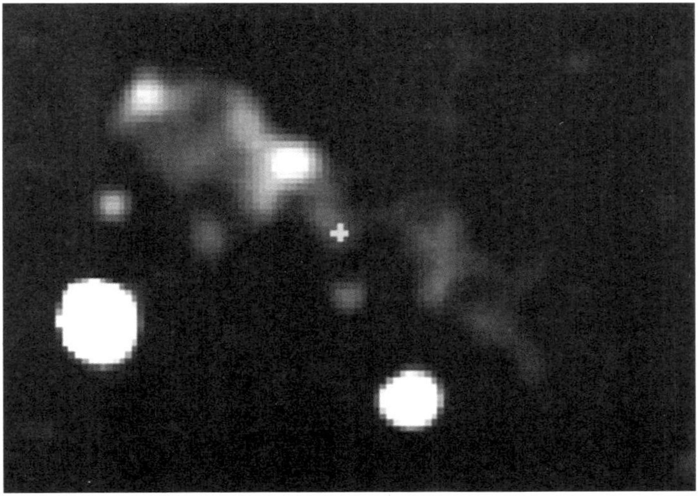

图 22　这张 X 射线图像，显示了横跨这个星系的双瓣结构。它只能在 X 射线波段被探测到

许多类星体和射电星系喷流轴的稳定性，揭示了超大质量黑洞自旋的稳定性，这就像陀螺仪一样。为什么某些喷流轴会发生进动而另一些则不会，这个问题将在我们发现黑洞附近发射点处控制喷流角动量的因素是什么时得到解答。究竟是与黑洞本身的自转轴，还是由分别在第 3 章和第 7 章中提到的伦泽 - 蒂林或巴丁 - 彼得森效应所决定的吸积盘内部区域的角动量矢量有关，目前尚不清楚。我们需要更多数据才能彻底阐明已观测到的现象。但是，有一些来自更靠近我们的较小天体的线索可能表明，喷流轴的进动与吸积盘的角动量有关。

微类星体

到目前为止，我们一直讨论的类星体都是位于活动星系中心的超大质量黑洞。事实证明，还有另一类天体的行为与它们非常相似，但规模小得多。这些质量较小的黑洞可以在离我们更近的地方被观测到。实际上，它们就位于我们自己的银河系中，被称为“微类星体”。尽管大小悬殊，但我们银河系中的微类星体和其他星系中心的系外类星体一样，都是具有类似物理性质的等离子喷流源。人们认为两者都是由受引力作用落向黑洞的物质所驱动。在微类星体中，黑洞的质量与太阳相当。对于强大的系外类星体而言，其黑洞质量可能比我们的太阳的质量大 1 亿倍。就天体物理学家所关心的事情来说，本地事例的一个重要优势在于其质量较小，因此演化的速度要快得多。它们的演化时标是几天，而不像类星体那样要几百万年。不过，与类星体一样，从所有活动中心附近喷出的喷流都是源于事件视界之外的，而且很可能是从吸积盘的最内缘发出的。

作用于微类星体间的机制非常复杂，而且喷流的发射速度和与其相关的黑洞质量的关系也并不简单。在监测被称为天鹅座 X-3 的黑洞微类星体中的喷流过程时，有时会发现离开黑洞喷流等离子体的速度发生了变化。这是利用延时天文测量法得到的，就是在一段时间进行连续观测使我们能够确定等离子体喷流从黑洞附近跑出来时速度有多快。测量结果显示，某一次喷流的速度是光速的 81%，而 4 年后则是 67%。没有迹象表明喷流速度只会随着时间推移降低，自从发现这个微类星体以来，快速和慢速的喷流都已经被观测到很多次。喷流速度的变化似乎也是我们银河系中另一个著名微类星体 SS433 的特征，我将在下面对它进行详细介绍。这个微类星体中的喷流速度忽快忽慢，实际上，几天之内它的速度可能是光速的 20%~30%之间的任意值。

对称之美

图 23 显示了银河系中的微类星体 SS433 的射电图像，它距离我们只有 18 000 光年。等离子体喷流的结构投影到我们的天空平面上时，会呈现出醒目的之字形或螺旋形图案。组成喷流的各个等离子体火球，正分别以某个介于光速 20%~30%之间的惊人速度运动。火球运动的方向按照一个固定的周期变化。实际上，喷流的发射轴的进动方式与在皮划艇参考系下看到的运动员划桨方式大致相同，只不

过这一过程的时标是6个月而不是几秒钟。显然，至少在某些类星体中（见图21）也发生了相同的情况，不过如前文所述，它们的速度慢到我们无法对发生的变化进行恰当的时间采样。

喷流在天空中呈现之字形还是螺旋形直接取决于火球的物理运动方式，以及进行观测的具体时间。喷流的一个显著特征就是它们的对称性：东侧喷流部分的物理运动与西侧喷流部分等大且反向：当一个等离子体火球速度达到光速的28%时，在反向喷流中与之对应的部分速度也是这么大；而对于以22%的光速运动的另一个等离子火球，其反向喷流中与之对应的部分速度也会和它一样。实际上，如果一个喷流看起来具有之字形结构，而另一个喷射流看上去则是完全不同的螺旋形结构，这是由于喷流等离子体始终以与光速相当的速度运动，此种情况下会发生相对论性畸变。微类星体的辐射功率相对于系外类星体而言是很小的，但是与太阳微不足道的功率相比仍然非常巨大。太阳的总光度只有4×10^{26}瓦，还不到图23中的微类星体辐射功率的十万分之一。

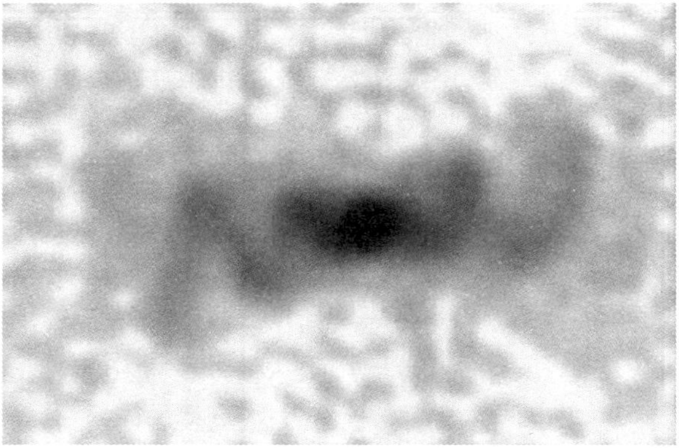

图 23　微型类星体 SS433 在射电波段呈现出的喷流

喷流的发射

室女座星系团是由 1000 多个星系构成的，距银河系只有 5000 万光年。它的中心是一个被称为 M87[梅西耶 87 的缩写，列在法国天文学家查尔斯·梅西耶（Charles Messier）制作的星表中] 的巨大星系。该星系的核心是一个质量是太阳 30 亿倍的超大质量黑洞。从其中发出的是如图 24 所示的非常强的直线喷流。

图 24　从 M87 星系中心的超大质量黑洞，以接近光速喷出的等离子体喷流

这个喷流在光学波段、射电波段和 X 射线波段都很容易被看到。据认为，落入物质以每年 2~3 倍太阳质量的吸积率，到达第 6 章中描述的那种吸积盘正在发挥作用的核心区。这个喷流的发射点可能在吸积盘的最内部，其从发射点向外传播的速度

非常接近光速，因此我们称之为相对论性喷流。利用我在第 7 章中介绍过的 VLBA 仪器进行连续监测，可知喷流速度非常接近光速，而位于地球大气层之外的哈勃空间望远镜和钱德拉 X 射线卫星，都比其位于地面上时具有更高的灵敏度。在距地球 5000 万光年的位置上，以光速运动的物体每年会在天空中移动 4 毫弧秒。如果我们考虑到一弧只有一度的 1/3600 弧度，那么它的四千分之一听起来会是一个小到几乎无法测量的角度，但是 VLBA 仪器能很容易分辨这么小的间隔。VLBA 已经对这个喷流底部不到其超大质量黑洞 30 倍史瓦西半径的范围进行了成像。

图 25 显示了源于 M87 中超大质量黑洞的相对论性喷流的等离子体射电辐射的波瓣和羽流的示例。

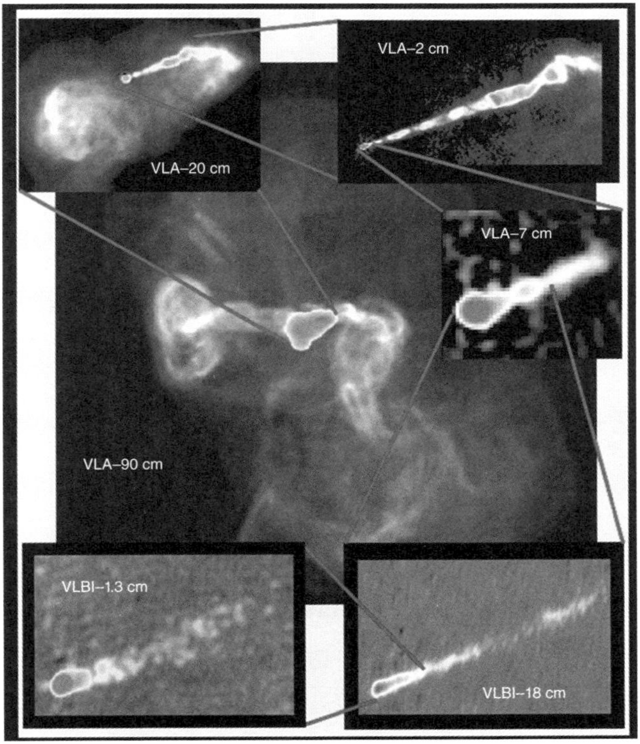

图 25　源于 M87 星系中心的超大质量黑洞所发出的相对论性喷流的射电辐射波瓣

为了进一步说明膨胀的波瓣与相对论性喷流有关，图 26 展示了一个在天空中延伸了 6 度的示例，并呈现出了用于观测的望远镜阵列，以便让人能够感受其尺度。依拉娜·费恩（Ilana Feain）和她的同事使用的望远镜是澳大利亚望远镜致密阵列。

图 26 月亮和澳大利亚望远镜致密阵列的光学照片与半人马座 A 的无线电图像的合成照片

相对论性喷流从黑洞附近发射的机制目前还只是推测，还不具有普适性。不过，来自世界各地的不同团队进行的各项独立研究中，绝大多数证据表明该理论的基本细节是正确的。除了宽泛的图像以外，这些机制及其详细功能还属于推测，只是在光子不足且具有选择效应的情况下被耐心检验过。证明不属于科学，但证据属于科学。我们之所以受到阻碍，是因为即使当今已部署的最先进的成像技术，也无法区分并识别释放了大部分能量的最小区域，不过，利用功能强大的计算机进行数值模拟，就可以突破当前技术的限制。最新发表的模拟结果表明，吸积盘发出的喷流完全可以由广义相对论效应进行解释。这些模拟将组分和公理作为已知输入，允许喷流和吸积盘演化到其特性可以与最新观测结果相匹配的尺度。

那么，我们现在对宇宙中黑洞的质量有哪些了解呢？看起来它们分为两个主要的类别。首先是那些质量与恒星类似的黑洞。这些恒星质量黑洞的质量是太阳质量的3~30倍，它们来自烧光了全部燃料的恒星。

然后就是超大质量黑洞，它们能达到约 100 亿太阳质量。正如我们已经讨论过的，它们存在于包括我们自己的银河系在内的星系中心，并且与活跃星系和类星体的种种奇特现象有关。

我们已经讨论过物体掉入黑洞，但当一个黑洞掉入另一个黑洞时会发生什么？这不是一个抽象的问题，因为人们已经知道可能存在双黑洞。在这样的天体中，两个黑洞会互相绕转。人们认为由于发出了引力辐射，双星中的黑洞将失去能量并以螺旋形向内互相绕转。在这种螺旋运动的最后阶段，广义相对论会达到临界点，两个黑洞突然合并为具有常规事件视界的单个黑洞。在一个双星系统中，两个超大质量黑洞合并所产生的能量是惊人的，有可能超过可见宇宙中所有恒星的所有光。它的大部分能量都被注入引力波，这些时空曲率的涟漪会以光速在整个宇宙中传播。对这种波存在证据的搜寻尚在进行。人们设想，当引力波经过像长杆一样的物质时，其波长会在时空曲率的涟漪穿过时随之上下波动。如果可以使用诸如激光干涉之类的技术来测量这些微小的波长变化，就能得到一种可以探测宇宙中其他地方产生的引力波的方法。目前已经建成，以及更多还在计划中的地基和天基引力波探测器，都可能探测到来自黑洞合并的信号。实际上，引力波非常难检测，需要非常强力的能量源才有机会进行此类实验，而在这些强力源的候选名单中，黑洞并合居于首位。在撰写本文时，尚未直接检测到引力波，但实验仍在进行[1]。

自 1915 年爱因斯坦提出广义相对论以来，我们最好的引力论已接受了无数次考验。事实证明，与被其替代的牛顿经典理论相比，广义相对论的实验具有更好的一致性。但如果要对广义相对论在极限状况下进行检验，那么你可以期待黑洞会成为现代物理学这一基石的终极测试地。此种情况下，引力在最小的空间区域中表现得最强，因此量子效应会很重要，而这正是广义相对论可能会崩溃的地方。不过，广义相对论也可能在宇宙中的大尺度上失效。当然，目前最热门的

1　2016 年 2 月 11 日激光干涉引力波天文台（LIGO）、处女座干涉仪（Virgo）研究团队共同发布结果：他们于 2015 年 9 月 14 日首次探测到引力波现象。

话题是广义相对论在解释宇宙最大尺度上的加速膨胀时的完备性。讨论广义相对论的偏差，可能会与加速膨胀和暗能量有关。如果探测到源自黑洞并合的引力波，或观测结果拓展了我们对发生在这些引人入胜的物体附近的基本物理学的理解，那我们就有机会见证爱因斯坦的理论是能够经受住检验的，还是需要用某些新理论来代替的。

我们为什么研究黑洞

研究黑洞的原因有很多，第一个原因是：它开启了对物理参数空间的探索，即使是国际财团的预算也无法独立胜任这一工作。黑洞系统代表了我们所能探索的极端环境，我们能借此研究极端情况下的物理学。它们将广义相对论和量子力学结合起来，但统一尚未实现，并且仍是物理学的前沿问题。第二个原因是，试图理解黑洞现象引起了科学家和许多有思想的外行人的兴趣，提供许多人被科学所激发的途径，鼓动人们去了解我们周围宇宙的伟大之处。第三个原因也许会令人惊讶，研究黑洞给了尘世一些副产品。对黑洞的研究怎么可能改变我们的生活？答案是这种事情已经发生了。当我将这本小书的最后几句话输入笔记本电脑时，它会同时通过 802.11Wi-Fi 协议将我的工作备份到我大学的服务器上。这项复杂而巧妙的技术源于在射电波段寻找爆发黑洞的某个特定特征时的研究。这项研究由罗恩·埃克斯（Ron Ekers）所领导的团队完成。他们想要检验马丁·里斯（Martin Rees）（现在是皇家天文学家）提出的模型。在约翰·奥沙利文（John O'Sullivan）的带领下，来自澳大利亚心灵手巧的无线电工程师发明了一种干扰抑制算法，本来是想将它用于探测来自遥远空间的微弱信号这一棘手的工作，但他们随即意识到，这项技术还可以应用于地球上的通信传输。因此，黑洞有能力改写物理学，重新激发我们的想象力，甚至革新我们的技术。黑洞有许多副产品，它们都远远超出了其事件视界。

全书完

术语对照

A

absolute zero	绝对零度
accretion disc	吸积盘
active galaxies	活动星系
Australia Telescope Compact Array	澳大利亚望远镜致密阵列

B

Balbus, Steve	史蒂夫・拜尔巴斯
Bardeen, James	詹姆斯・巴丁
Bardeen–Petterson	巴丁－彼得森
Bekenstein, Jacob	雅各布・贝肯斯坦
binary star	双星
Blandford, Roger	罗杰・布兰福德

C

Cape Canavaral	卡纳维拉尔角
Carter, Brandon	布兰登・卡特
Casares, Jorge	豪尔赫・卡萨雷斯
Cavendish, Henry	亨利・卡文迪许
centre of mass	质心
Chandra satellite	钱德拉卫星
Chandrasekhar, Subrahmanyan	苏布拉马尼扬・钱德拉塞卡
Charles, Phil	菲尔・查尔斯
Christodoulou, Demetrios	季米特里奥斯・赫里斯托祖卢
chronology protection conjecture	时序保护猜想
conservation of angular momentum	角动量守恒
cosmic censorship conjecture	宇宙监督猜想
Cosmic Microwave Background	宇宙微波背景（CMB）

D

dark star	暗星
Descartes, René	勒内・笛卡尔
Done, Christine	克里斯汀・多恩

E

Eardley, Douglas	道格拉斯・厄德利

Eddington limit	爱丁顿极限
Eddington luminosity	爱丁顿光度
Eddington rate	爱丁顿比率
Eddington, Sir Arthur	亚瑟·爱丁顿爵士
Einstein–Rosen bridge	爱因斯坦－罗森桥
Ekers, Ron	罗恩·埃克斯
electron degeneracy pressure	电子简并压
energy, kinetic	动能
entropy	熵
ergosphere	能层
escape velocity	逃逸速度
event horizon	事件视界
Ewing, Ann	安·尤因
extreme Kerr black hole	极端克尔黑洞

F

Fabian, Andrew	安德鲁·法比安
Feain, Ilana	依拉娜·费恩
Finkelstein, David	大卫·芬克尔斯坦
first law of thermodynamics	热力学第一定律
Floyd, R. M.	R. M. 弗洛伊德
Fornax cluster	天炉座星系团

Fourier, Jean Baptiste Joseph	让·巴普蒂斯·约瑟夫·傅里叶
frame dragging	参考系拖曳
frame of reference	参考系
fusion	聚变

G

Galactic centre	银心
Galactic plane	银道面
gamma–ray bursts	伽马射线暴
general relativity	广义相对论
Genzel, Reinhard	莱因哈特·甘泽尔
geodesic	测地线
Ghez, Andrea	安德烈·盖齐
Gödel, Kurt	库尔特·哥德尔
gravitational potential well	引力势阱
gravitational redshift	引力红移
guide star	导星

H

Hawking radiation	霍金辐射
Hawking temperature	霍金温度
Hawking, Stephen	斯蒂芬·霍金

Hawley, John	约翰·霍利
Heisenberg uncertainty principle	海森堡不确定性原理
helium	氦
Herschel, William	威廉·赫歇尔
Hubble Space Telescope	哈勃空间望远镜

I

inertial frame of reference	惯性坐标系
information paradox	信息悖论
information theory	信息论
intergalactic medium	星际介质
inverse Compton scattering	逆康普顿散射

K

Kepler's laws	开普勒定律
Kerr black hole	克尔黑洞
Kerr, Roy	罗伊·克尔
kinetic energy	动能

L

Laplace, Pierre–Simon	皮埃尔·西蒙·拉普拉斯
Lense–Thirring	伦泽–蒂林
light cone	光锥

M

Magorrian, John	约翰·马格里安
Maskelyne, Nevil	内维尔·马斯基林
Messier	梅西耶
metric	度规
Michell, John	约翰·米歇尔
microquasars	微类星体
Minkowski spacetime	闵可夫斯基时空
Minkowski, Hermann	赫尔曼·闵可夫斯基
Moran, Jim	吉姆·莫兰

N

naked singularity	裸奇点
Neptune	海王星
neutron degeneracy pressure	中子简并压力
neutron star	中子星
Newton, Sir Isaac	伊萨克·牛顿爵士
Newton's gravitational constant	牛顿引力常数
null geodesic	零测地线

O

Oppenheimer, Robert	罗伯特·奥本海默

O'Sullivan, John	约翰·奥沙利文

P

Penrose, Roger	罗杰·彭罗斯
photon	光子
photon sphere	光子球
Planck area	普朗克面积
plasma lobes	等离子体波瓣
point mass	质点
Preskill, John	约翰·普雷斯基尔
prograde orbits	顺行轨道

Q

quasars	类星体

R

radio lobes	射电波瓣
redshift	红移
Rees, Martin	马丁·里斯
relativistic jet	相对论性喷流
retrograde orbits	逆行轨道
Rosen, Nathan	内森·罗森

Royal Astronomical Society	皇家天文学会

S

Schwarzschild black hole	史瓦西黑洞
Schwarzschild radius	史瓦西半径
Schwarzschild, Karl	卡尔·史瓦西
second law of thermodynamics	热力学第二定律
simple harmonic motion	简谐运动
Snyder, Hartland	哈特兰·斯奈德
solar eclipse	日食
Solar System	太阳系
spacetime	时空
spacetime diagrams	时空图
spacetime, curvature of	时空曲率
special relativity	狭义相对论
speed of light	光速
spin	自旋
static limit	稳态极限面
steam engine	蒸汽机
stellar mass black holes	恒星质量黑洞
supermassive black holes	超大质量黑洞
surface gravity	表面引力

synchrotron radiation	同步辐射

T

thermal radiation	热辐射
Thorne, Kip	基普·索恩
tidal forces	潮汐力
time dilation	时间膨胀
turbulence	湍流

V

vacuum	真空
Very Long Baseline Array	甚长基线阵列 (VLBA)
virtual particles	虚粒子

W

water maser	水脉泽
Wheeler, John	约翰·惠勒
white dwarf	白矮星
white hole	白洞
worldline	世界线
wormhole	虫洞

Z

Zach, Franz Xaver von　　弗兰茨·萨韦尔·冯·扎克

Znajek, Roman　　罗曼·扎纳克

读客

激发个人成长

多年以来，千千万万有经验的读者，都会定期查看熊猫君家的最新书目，挑选满足自己成长需求的新书。

读客图书以“激发个人成长”为使命，在以下三个方面为您精选优质图书：

1. 精神成长

熊猫君家精彩绝伦的小说文库和人文类图书，帮助你成为永远充满梦想、勇气和爱的人！

2. 知识结构成长

熊猫君家的历史类、社科类图书，帮助你了解从宇宙诞生、文明演变直至今日世界之形成的方方面面。

3. 工作技能成长

熊猫君家的经管类、家教类图书，指引你更好地工作、更有效率地生活，减少人生中的烦恼。

每一本读客图书都轻松好读，精彩绝伦，充满无穷阅读乐趣！